普通高等学校人文社会科学重点研究基地
KEY RESEARCH INSTITUTE OF HUMANITIES AND SOCIAL SCIENCE IN UNIVERSITY

西南财经大学中国金融研究中心
宏观金融系列丛书

货币政策对企业风险承担的影响

——基于银行监督视角

Study on the Influence of Monetary Policy on Corporate Risk-taking
——Evidence From the Bank Monitoring View

刘锡良　周彬蕊　周　吉◎著

西南财经大学出版社
中国·成都

图书在版编目(CIP)数据

货币政策对企业风险承担的影响:基于银行监督视角/刘锡良,周彬蕊,周吉著.—成都:西南财经大学出版社,2021.11
ISBN 978-7-5504-5137-7

Ⅰ.①货… Ⅱ.①刘…②周…③周… Ⅲ.①货币政策—影响—企业管理—风险管理—中国 Ⅳ.①F279.23

中国版本图书馆 CIP 数据核字(2021)第 231157 号

货币政策对企业风险承担的影响——基于银行监督视角
HUOBI ZHENGCE DUI QIYE FENGXIAN CHENGDAN DE YINGXIANG:JIYU YINHANG JIANDU SHIJIAO
刘锡良 周彬蕊 周吉 著

责任编辑:肖翀
责任校对:周晓琬
封面设计:墨创文化
责任印制:朱曼丽

出版发行	西南财经大学出版社(四川省成都市光华村街 55 号)
网　　址	http://cbs.swufe.edu.cn
电子邮件	bookcj@swufe.edu.cn
邮政编码	610074
电　　话	028-87353785
照　　排	四川胜翔数码印务设计有限公司
印　　刷	郫县犀浦印刷厂
成品尺寸	170mm×240mm
印　　张	10
字　　数	234 千字
版　　次	2021 年 11 月第 1 版
印　　次	2021 年 11 月第 1 次印刷
书　　号	ISBN 978-7-5504-5137-7
定　　价	68.00 元

前 言

消除贫困是当今世界面临的最大全球性挑战，是人类共同的重要发展目标。2020 年，中国成为全球最早实现联合国千年发展目标中减贫目标的发展中国家，提前 10 年实现《联合国 2030 年可持续发展议程》减贫目标，对全球减贫贡献率超 70%。这一成功的关键就在于坚定不移走中国特色社会主义道路：从农村部门到城市部门，从价格体制改革到发育市场、扩大对外开放等一系列的改革深化，中国的消除贫困既让老百姓不愁吃、不愁穿，使教育、医疗、住房有保障，又在制度上进行了深层次变革。或许你会疑惑，这和本书的研究有何关联？我们来看这样一个现象：在过去几十年里，中国一直依靠投资推动经济增长，发展了大量资本密集型产业，工业园区在全国各地遍地开花，其中沿海地区工业园区与当地经济增长形成了良好互动；而在大部分中西部地区却出现“人去园空”的现象，不仅导致当地政府财政紧张、债务增加，也使得东西部地区贫富差距悬殊。所以自党中央做出脱贫攻坚的决定以来，国家除了从产业、教育、医疗、交通、水利、科技、人才等各方面给予中西部地区支持，还采取了东西帮扶协作、地区对口支援、区域协调发展等方式，以构建产业互补、人员互动、技术互学、观念互通、作风互鉴、共同发展的格局。分析这一现象背后的逻辑，有一个因素不容忽视：即利率长期在金融市场上被严重低估。低利率鼓励了企业用资本替代劳动力，使大量资本密集型产业得以发展。但“人去园空”的中西部地区用资本带动经济发展的推动力不足，为保证本地发展稳定，当地政府还必须创造更多就业岗位，这不仅导致当地财政紧张、负债增加，也使得因国民收入中被资本占有导致的劳动者收入占比下降。

因此，我们就会明白：宏观政策看似与地方政府行为、地方经济收入水平、地区间发展差异这些具体现象关联度低，但其制定和变化都将会通过不同传导机制影响微观主体的具体经济行为，从而导致不同的经济结果。我们希望通过了解这种现象，重新让大家认识和理解宏观政策。

在当前中国经济处于以国内大循环为主体，国内国际双循环相互促进的新发展格局下，如何“稳中求进”地向高质量增长转型，是当前中国经济主要的发展目标之一。这里的“稳”首先是指稳增长，保证经济整体运行平稳，防止短期内出现大幅波动；“进”则是要增强微观主体活力，逐步实现依靠创新驱动的内涵型增长。作为微观经济主体的企业，显然在实现这一发展目标过程中要发挥主导作用。众所周知，企业的技术进步是实现创新驱动的必要条件之一，而技术创新很大程度上又依赖研发的投入，研发一旦成功，将有助于企业自身发展，并加快资本积累、提升绩效（Fiegenbaum et al.，1988；John et al.，2008），促进经济可持续增长（Acemoglu et al.，1997；Baumol et al.，2007；Boubakri et al.，2013；John et al.，2008；余明桂 等，2013；张三保 等，2012）。但反之一旦失败，则会降低企业绩效，严重者有可能导致企业破产，给经济带来波动。因此，“稳中求进”的发展战略，要求企业加大研发投入的同时，要防止过度承担风险。现有企业风险承担相关文献大多从企业和制度层面出发，研究影响企业风险承担的微观因素（李文贵 等，2012；胡国柳 等，2017；张三保 等，2012）。除去这些因素，在宏观层面，货币政策是否也会改变企业的风险承担行为？如果答案是肯定的，对其影响机制的深入研究将为政府实现稳增长与控风险的双重目标提供政策依据。

中国的金融体系以银行为主导，货币政策主要通过金融中介作用于实体经济（伍戈 等，2016）。20世纪70年代以来，信息经济学的发展对理解货币政策如何通过信贷市场和金融中介传导至实体经济提供了一个新的研究视角，在研究基础上形成了货币政策的非新古典渠道。虽然这些理论在一定程度上解释了货币政策对信贷规模影响的经济学逻辑，但是并未涉及货币政策传导渠道的风险属性。直到2008年金融危机后，Borio和Zhu（2008）提出了货币政策传导机制中的风险承担渠道（risk-taking channel）——强调货币政策对微观主体风险认知或承受能力的影响，这种影响会导致微观主体风险承担意愿发生改变。但风险承担渠道只强调货币政策对金融中介，尤其是对银行事前风险把控的影响，却忽略了对传导渠道最后一环——企业事后风险承担的影响，可后者才恰恰是影响企业创新成功和创新绩效的关键因素之一，对此，延伸传导链条，将企业纳入研究范围更具有现实意义。

众所周知，货币政策如要实现对实体经济的最终调控，需运用政策工具，经金融中介或金融市场才能有效传递到实体部门（Ma et al.，2016），金融体系在此扮演的是联结央行货币政策与实体经济纽带的角色，此过程被称为货币政策的传导（monetary transmission）。长期以来，货币政策传导的有效性引起了学术界广泛热议。以信息经济学派为代表，其指出因金融摩擦的存在，货币政策通过金融中介传递至实体经济的有效性受阻。随着国内金融创新与经济发展的需求增加，市场经济体系逐步完善，金融体系尤其是融资方式的不同，也反过来会使货币政策的传导效率产生显著变化。因此，从中国经济发展现实出发，考虑金融结构变迁对实体企业风险承担的影响，也是本书的研究出发点。

刘锡良　周彬蕊　周吉

2021年2月

目　录

1 总 纲

1.1 研究的问题

企业作为市场主要参与主体，其风险承担是公司业绩增长的基本动力，但企业的风险承担选择离不开稳定的社会环境。外部环境的改变，将对企业的风险承担决策，甚至企业的长期价值增长产生重要影响（Faccio et al.，2011；Acharya et al.，2011；Boubakri et al，2013；张三保 等，2012；余明桂 等，2013b)。所以，证实货币政策与企业风险承担的经济后果，是本书研究货币政策与企业风险承担关系的重要意义所在。这也就产生了本书研究的第一个问题：货币政策通过影响企业风险承担，会对企业价值或经济增长带来何种经济后果？研究货币政策对企业风险承担的影响机制是否具有经济意义？

党的十八届三中全会提出，经济体制改革的核心问题是处理好政府和市场的关系，使市场在资源配置中起决定性作用。如何有效引导市场发挥配置功能，需要配置资源的基准价格发挥作用，这为我国货币政策框架从“数量型”向“价格型”转变提供了政策支持。在“十三五”规划中，我国正式将货币政策框架从“数量型”向“价格型”调控转型纳入宏观经济调控体系改革的重要议程中，近几年随着经济结构的调整，货币政策框架也一步步适时转型改革。面对当前货币政策转型的背景，“数量型”与“价格型”货币政策工具的差别在哪里？我国是否有合适的基准利率？本书在研究货币政策与企业风险承担内在机制的时候，又该如何选择最佳货币政策工具？这将是本书研究的第二个问题。

本书将针对货币政策与企业风险承担的内在作用机理，展开详细的论述和分析。现今已有部分国内学者证明了货币政策对企业风险承担存在影响，即宽松的货币政策会提高企业风险承担水平，紧缩的货币政策将降低企业风险承担水平（胡育蓉 等，2014；林朝颖 等，2015）。但是，国内学者在研究时只关注了两者之间的关联，而忽视了货币政策等外部冲击对企业风险承担产生影响的具体作用方式，即未考虑到货币政策需要通过金融体系才能传导至企业部门，也未考虑到金融体系特别是融资方式的不同，在很大程度上会反过来改变货币政策的影响途径和结果（Ma et al.，2016；伍戈 等，2016），从而难以回答上述货币政策对企业风险承担的存在性是如何产生的。这样，就产生了本书接下来要研究的第三个问题：①在中国银行主导型金融体系背景下，货币政策是如何通过发挥银行部门的作用而影响企业部门的风险承担的？②企业和银行的特质性差异是否会导致货币政策的传导效果存在非对称效应？而针对典型的所有权问题，国有企业与非国有企业的风险承担差异的主要来源又来自哪里？是企业禀赋、外部政策环境还是所有制特性？③随着金融市场化改革的推进，金融市场的发展使企业不但可以通过银行获得资金支持，也可以在股票市场寻求直接融资，那么，金融市场的发展反过来又会对银行传导视角下的货币政策与企业风险承担关系带来何种影响？本书旨在从理论研究和实证分析相结合的角度，系统深入地对上述问题做出详细解答，以期提出相应的政策建议。

1.2 研究的基本思路和框架

正是基于上述现实背景和问题考虑，本书按照货币政策与企业风险承担的初步分析、货币政策如何通过银行部门影响企业风险承担，以及金融市场化改革对银行传导视角下货币政策企业风险承担效应的影响进行逻辑展开，共分为三个部分六个篇章。

一是进行货币政策与企业风险承担的初步分析。该部分属于本书后续理论和实证分析研究的基础，故而首先回顾了改革开放以来我国货币政策转型的历程，同时估算和分析了我国企业的风险承担，以便客观地认识我国货币政策的转型和企业风险承担的变化。其次，为了更清楚和直观地表达本书研究内容的经济价值和实践意义，本部分从企业层面和国家层面分别实证研究了货币政策对企业风险承担的后续影响，结果显示，货币环境是影响企业投资决策的重要外在因素，稳定且良好的货币环境能够提升企业风险承担能力，并进一步增加公司价值。在这一视角下，了解货币政策对企业风险承担的影响，不仅有助于改善金融资源的配置，还可以为政府决策和推动经济长期增长达到更高层次发展水平提供新思路。最后，对人工收集的企业向银行借款的微观数据进行初步探讨，研究发现货币政策通过银行贷款决策可以对企业的风险投资决策行为产生影响。本部分研究内容为后续深入探讨货币政策影响企业风险承担的作用机制进行了必要铺垫，加深了我们对拟研究问题的直观了解。

二是以我国银行主导型金融结构为依据，深入分析货币政策如何通过银行影响企业风险承担。首先，我们根据货币政策的传导效率选择了本研究框架下的最优货币政策工具，通过比较不同类型货币政策工具的传导效率，证实了“价格型”工具的有效性。其次，给定外生货币政策冲击，建立银企互动两部门模型，从理论和实证方面综合论述货币政策如何通过银行监督影响企业风险承担，建立了货币政策影响企业风险承担的系统理论框架，拓宽了传统研究货币政策影响微观主体的视角。最后，我们针对微观主体的异质性问题，检验了货币政策在不同部门中传导的非对称性，并深入剖析了所有制企业风险承担差异的来源，为新时期货币政策向“货币政策+宏观审慎政策”框架转型提供了理论支持。值得注意的是，由于现有市场分割的存在，放开利率管制并不等于已实现利率市场化，所以利率市场改革深化步伐仍在持续推进。2019 年的贷款市场报价利率（loan prime rate，LPR）改革是利率市场化进程中的一个里程碑，因本书以 2015 年贷款利率管制为实证研究时间节点，所以针对新时期下利率市场化改革的新变化，本书在最后一章进行了拓展，以通过持续探讨呈现出新时期中国现实背景下一些新的研究视角。

三是研究金融市场的发展对银行监督视角下的货币政策对企业风险承担效应冲击的影响。Demirguc-Kunt 等（2013）指出，不同经济体对金融市场发展和信贷市场发展的敏感度具有时变性，考虑到金融市场的发展将改变企业融资方式，进而影响货币政策传导效率，本书将进一步就货币政策、金融市场化改革和企业风险承担展开研究，为如何有效促进企业风险承担及加快金融市场化改革提供重要理论和实证依据。研究发现，金融市场越发达，企业部门对银行融资依赖程度则越低，进而货币政策冲击通过银行监督对企业风险承担的影响将被削弱。本书加入金融结构不仅能加深读者对货币政策与企业风险承担的理解，还能为探寻市场传导机制对中介传导机制的影响，以及如何提高企业风险承担贡献可行性决策依据。

1.3 主要创新点

本书研究了中国货币政策对企业风险承担的影响及其作用机制。首先，运用现代计量方法回答了研究的价值和意义；其次，在分析我国货币政策转型历程、银行中介功能的基础上，用实证分析解决了货币政策工具和银行功能的选择问题，并建立理论模型和采用经验数据，详细论述了货币政策如何通过银行监督影响企业风险承担；再次，讨论了异质性问题所导致的传导差异，并回答了差异的来源；最后，进一步考虑转轨期金融市场化改革特点，探讨金融发展如何对银行监督视角下的货币政策影响企业风险承担效应产生替代性冲击，并提出相应政策建议。

与现有文献相比，本书主要的创新点体现在以下五个方面：

第一，拓宽货币政策的传统研究视角。传统研究偏重于货币政策对企业投资规模的影响，但企业投资本身具有不确定性，这就意味着企业风险投资决策（风险承担）与货币政策有更为直接的联系，而这一切入点无疑可以拓宽对货币政策的传统研究视角。由于现有理论并未深入探讨这两者之间的影响机理，因此，本书将企业风险承担纳入货币政策传导机制的研究中，以证实两者的内在逻辑。

第二，厘清货币政策影响企业风险承担的内在机理，深化有关货币政策影响企业风险承担的实证研究，为新时期货币政策向何处转型提供理论支撑。之前关于货币政策影响企业风险承担的研究，包括胡育蓉等（2014）、林朝颖等（2015）的研究，更多揭示的是货币政策与企业风险承担的联系，但这些研究难以解释货币政策是如何通过金融体系影响企业风险承担的。本书基于我国银行主导型金融体系背景，通过理论模型从银行监督视角对货币政策影响企业风险承担的内在机理进行探讨，并进一步基于人工收集的上市企业借款数据，确认了在企业风险承担领域里国内银行的监督作用，为这一理论分析提供了经验支持。此外，本书通过机制分析，表明了货币政策通过金融体系影响实体经济的存在性，揭示了三者间的强有效关联。这为货币政策的非中性和将金融稳定纳入央行目标提供了证据，为我国新时期为何应建立“货币政策+宏观审慎政策”的双支柱框架给予了回答。

第三，揭示金融服务于实体经济的重要性，为货币政策调控为何产生结构性差异给予回答。基于人工收集的每笔上市企业长期借款数据，研究如下：一是以实际数据阐明货币政策通过银行监督影响企业风险承担的事实，表明金融与实体经济之间的紧密相互关联，证实金融服务实体经济的本质；二是按上市企业借款渠道划分，比较不同银行、不同企业的分组回归结果，证实金融与实体经济的关系紧密度不一致，即在不同类型的商业银行和企业中，银行对企业的监督差异和企业向银行融资的关系差异对货币政策最终传导效果会产生不同影响。这为我国央行货币政策调控为何产生结构性效果给予了一定程度的回答。

第四，从中国发展经济体的事实出发，考虑金融结构变迁对实体经济的影响。由于不同经济体对金融市场发展和信贷市场发展具有时变性的敏感度，所以，现阶段金融市场的发展必然会引起企业部门融资渠道改变，进而影响货币政策冲击对企业风险承担的作用。鉴于此，本书基于我国银行主导型金融体系背景，加入金融结构因素，研究金融市场发展对原有银行监督视角下货币政策企业风险承担效应的影响。该研究为发展有效的资本市场、深化金融改革提供了一定的理论基础。

第五，为企业风险投资如何驱动经济长期发展提供新的研究证据。本书在证明企业风险承担受外部货币环境冲击的基础上，进一步加深了对企业风险承担经济意义的理解。结果表明，货币政策通过影响企业风险承担，将对企业长期发展和经济增长产生促进作用。这不仅有助于企业自身价值提升，更能为政府如何促进经济可持续发展提供新的经验证据。

1.4 技术路线

本书的技术路线见图 1.1。

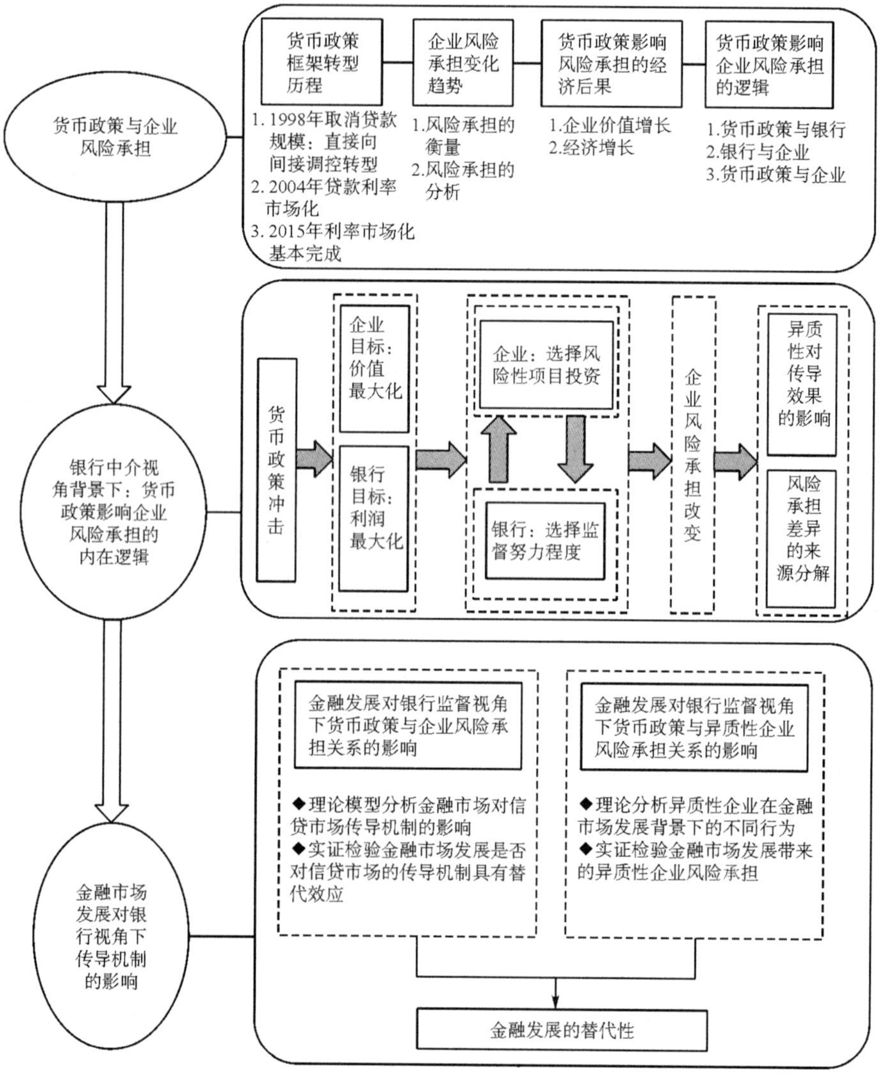
货币政策与企业风险承担
货币政策框架转型历程
企业风险承担变化趋势
货币政策影响风险承担的经济后果
货币政策影响企业风险承担的逻辑
1. 1998年取消贷款规模：直接向间接调控转型
2. 2004年贷款利率市场化
3. 2015年利率市场化基本完成
1.风险承担的衡量
2.风险承担的分析
1.企业价值增长
2.经济增长
1.货币政策与银行
2.银行与企业
3.货币政策与企业
银行中介视角背景下：货币政策影响企业风险承担的内在逻辑
货币政策冲击
企业目标：价值最大化
银行目标：利润最大化
企业：选择风险性项目投资
银行：选择监督努力程度
企业风险承担改变
异质性对传导效果的影响
风险承担差异的来源分解
金融市场发展对银行视角下传导机制的影响
金融发展对银行监督视角下货币政策与企业风险承担关系的影响
◆理论模型分析金融市场对信贷市场传导机制的影响
◆实证检验金融市场发展是否对信贷市场的传导机制具有替代效应
金融发展对银行监督视角下货币政策与异质性企业风险承担关系的影响
◆理论分析异质性企业在金融市场发展背景下的不同行为
◆实证检验金融市场发展带来的异质性企业风险承担
金融发展的替代性

图 1.1　技术路线

1.5 逻辑结构

本书的逻辑结构见图 1.2。

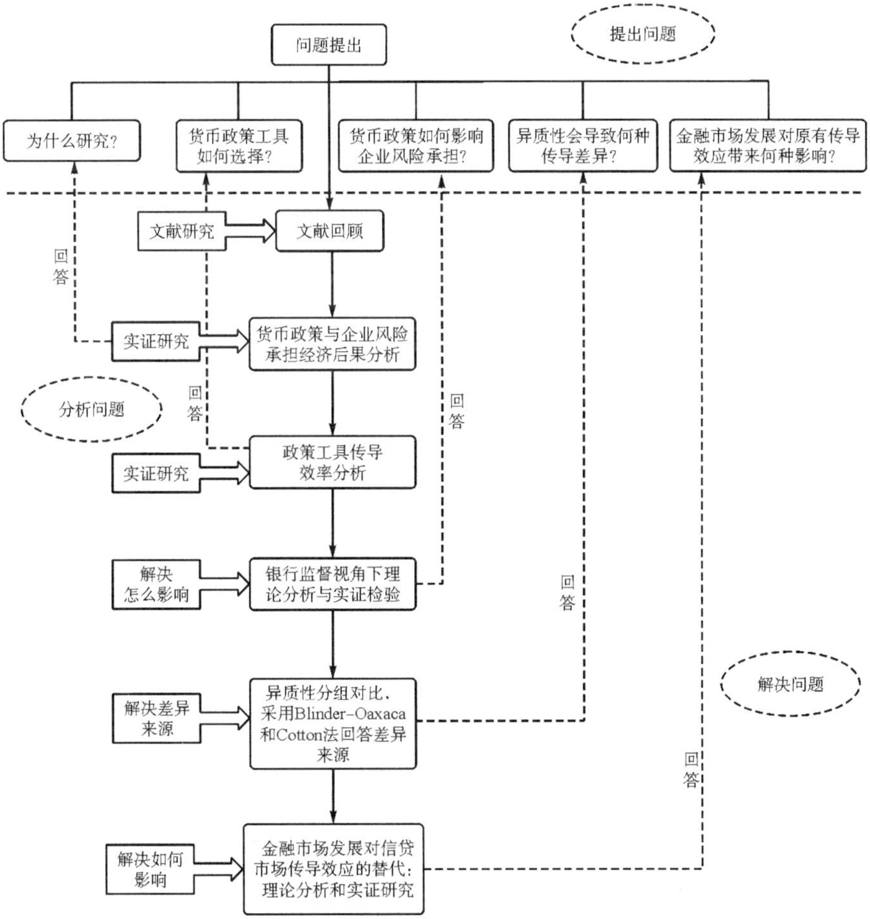

图 1.2 逻辑结构

2 货币政策与企业风险承担理论

2.1 风险承担的意义

风险承担指企业在面对多个收益和现金流充满不确定性的投资项目时，根据自身承担能力从中选择风险项目投资，项目的风险性越高，企业风险承担水平就越高（John et al.，2008；Boubakri et al.，2013；余明桂 等，2013b）。值得注意的是，不同的风险项目由于其本身的属性不同将具有不同的风险，如高技术、高创新项目因企业研发新技术普遍具有较高风险。但此处技术研发所带来的“风险”和我们所说的风险承担既有区别又有联系，我们需对此进行明确说明。第一，这两者的区别在于：企业风险承担指的是企业本身主动承担风险的水平，强调企业对多个风险投资项目进行判断后做出的对单个或多个项目的投资选择；而项目风险突出的是不同的项目由于其本身属性的不同而具有的风险。第二，这两者的联系表现为：企业的风险承担水平的体现由项目本身风险属性决定，企业是在多个风险项目中选择了自身最终投资的项目，而这个投资项目的风险即为企业意愿承担的风险水平，所以两者并不矛盾。

未来经济增长的动力来自哪里？已有研究表明，风险承担是经济长期增长的基础和支撑（Barro，1991；Baumol et al.，2007；DeLong et al.，1991）。企业的风险承担选择是提高企业绩效和促进企业可持续成长的动力（John et al.，2008）。Fama 和 Miller（1972）指出，企业为了实现长期价值最大化，会选择净现值（net present value，NPV）为正的项目投资机会，但受现实中多重因素的影响（如企业经理人的性别差异、大股东资产组合的多元化配置、实际控制人的性质），企业在投资决策中可能会出现放弃那些风险高但 NPV 为正的投资项目，这会抑制企业创新的积极性，不利于企业价值最大化（John et al.，2008；Faccio et al.，2011，2016；Boubakri et al.，2013；Hilary et al.，2009；

余明桂 等，2013b）。因此，根据自身风险承担能力合理地选择项目投资，将有助于企业价值增长。在宏观经济视角下，了解风险承担的决定因素有助于确定政策变化、改善经济福利的途径，以推动经济的可持续增长达到更高层次的发展水平。John 等（2008）通过分析 39 个国家 11 年间的数据，从企业层面、国家层面分别验证了风险承担的经济意义。结果表明，企业提高风险承担水平可以促进规模、盈利能力等提升，并进一步对实际人均国内生产总值（以下简称“人均 GDP”）、全要素生产率产生正向激励。李文贵和余明桂（2012）选用我国 A 股非金融类上市公司 14 年间的数据，对风险承担的持续影响进行进一步检验，结果反映我国上市企业的风险承担行为对企业的长期价值增长产生促进作用，特别是企业的风险承担行为不仅能显著提高企业当期价值、增加股东财富，还能为企业带来更多资本积累，促进企业从事创新型项目投入，进一步增加企业未来价值，增强企业的竞争优势（Acemoglu et al.，1997）。由此可见，在当前中国经济结构调整的“新常态”时期，经济增速趋缓的发展过程中，将研究重点集中于风险承担，既具有实际意义又具有经济意义。

2.2 风险承担的微观机制

2.2.1 经理人特征与企业风险承担

Coles 等（2006）、Low（2006）、Hirshleifer 等（1992）、Faccio 等（2011，2016）等，分别从经理人的报酬、声誉、心理因素等方面探讨了经理人特征与企业风险承担的关联。早期有关薪酬结构对经理人行为影响的相关文献，主要分为两大类：一类从间接层面分别研究了不同薪酬结构的企业所具有的不同禀赋特征（Smith et al.，1992；Bizjak et al.，1993；Yermack，1995；Holderness et al.，1999；Core et al.，1999；Deli，2002）和薪酬结构对企业业绩的影响（Morck et al.，1988；McConnell et al.，1990）；另一类从直接层面分析了薪酬结构对经理人行为的影响（Jensen et al.，1976；Myers，1976；Smith et al.，1985；Smith et al.，1992；Gaver et al.，1993；Bizjak et al.，1993；Guay，1999；Core et al.，1999）。如 Coles 等（2006）利用 1992—2002 年标普 500 指数等公司薪酬数据，验证了经理人报酬与企业风险承担之间的显著联系。当经理人财富对股票波动的敏感度越高时，企业就越会选择高风险项目投资，包括进行更多的研发投入、减少厂房等有形固定资产投入。但这种情况在何种条件下会表现得更加突出呢？Low（2006）对此做出了回答。Low 发现以股权激励方式奖励经理人的薪酬机制会影响经理人的风险承担行为，该企业股权激励越小，经理人对股票投资回报率波动性的敏感度就越低，其就越倾向于选择低风险项目进行投资。Tufano（1996）视风险投资管理为股东价值最大化的一种方式，其对经理人的薪酬激励方式进行对比后发现，当经理人持有相对更多的公司期权价值而非股票价值时，经理人更加倾向于实施风险规避的管理政策，这表明经理人的风险规避意愿会影响企业风险管理政策，说明经理人的特征与企业风险投资决策有着紧密联系。现实中，在研究公司治理问题时，由于经理人与股东常常存在委托代理关系，经理人所选择投资项目的真实信息只有经理人自己知道，而股东或外界只能观测到最终的项目投资结果，因此，导致了经理人道德风险行为的发生。为了保障股东利益，减少经理人事后的道德风险行为，使经理人与股东目标一致，除了上述通过改变经理人薪酬激励的方式来减少经理人与股东的目标冲突问题外，还可以通过经理人声誉机制影响经理人行为（Hirshleifer et al.，1992）。Hirshleifer 和 Thakor（1992）表明，为经理人建立的声誉机制会导致经理人产生动机规避风险。出于对个人职业声誉和工作稳定的需求，经理人会为了避免投资失败而放弃部分风险高但 NPV 为正的投资机会，从而减少追逐私人利益的动机，选择投资相对更加安全的低风险性项目。

然而，企业的风险承担不仅受经理人意愿的影响，还会受限于经理人的自身能力。Fazzari 等（1988）、Almeida 和 Campello（2007）、卢馨等（2013）指出，企业风险承担的实质是一项资源消耗性活动，对资源具有很强的依赖性，因此，在企业风险投资经营的每个阶段，都需要为其风险投资提供必需的资源支持，而这其中，管理人员的社会网络资源便是一种有效、易于获取的资源（Dahl et al.，2005）。我国的社会是典型的“关系型”社会，社会网络毋庸置疑已成为企业资源获取的重要途径（程恩富 等，2002）。企业的社会网络包括银企关系、校友关系等多方面，这对于强依赖于银行融资的中国企业具有重要意义。由于社会网络能够有效提升企业的信用度，帮助企业获得低成本资金（Chulluun et al.，2010；游家兴 等，2011），并减少投资过程中的信息不对称问题，降低企业投资的机会成本（Bartjargal et al.，2004），因此，社会网络的存在会促进企业更多地选择风险高但 NPV 为正的投资机会，从而提升风险承担水平。张敏等（2015）基于管理者的社会网络能力，将总经理的社会网络能力和董事长的社会网络能力进行区分。经研究发现，董事长的社会网络更有利于企业承担风险；而社会网络越丰富、高管激励程度越高，也越有助于企业提高风险承担意愿进行研发投入，增强企业的长期竞争优势。此外，余明桂等（2013a）、Faccio 等（2016）基于经理人的心理视角也对此进行了相关分析。

余明桂等（2013a）指出，市场环境存在不确定性，经理人所获信息存在不完全性，加之管理者的能力有限，导致管理者的心理受到影响，而这种影响最终将体现在企业的风险投资决策上。余明桂等（2013a）以我国2001—2010年非金融上市公司样本为研究对象，发现过度自信的经理人由于具有良好的自我感觉，对自己的能力评价更高，因此会高估投资项目的成功概率，从而选择更加积极的风险投资策略，这与Baker和Wurgler（2013）的结论一致。同时，随着经理人过度自信水平的提高，Gervais等（2003）进一步发现，经理人的最优努力水平也会随之提高，这将有益于缓解经理人与股东间的委托代理问题。

那么，经理人的性别会导致企业的风险承担存在显著差异吗？若存在差异，此差异是不同性别管理者的心理因素差异所致吗？在完善的资本市场条件下，经理人可以选择投资机会以最大化企业的市场价值，而经理人的偏好和特质却都会影响其投资的选择。由于经理人与信息不对称问题的存在，女性经理人相对男性而言，风险厌恶度更高，过度自信水平更低，需要的报酬激励与男性也不一样，社会对其的评价准则亦有区别。所以，一般而言，女性有时候并不会增加投资、选择并购或发行债务等，从而错过了一些可充分利用的投资机会。加之，一般高风险项目的投资会让经理人更容易失去工作，而女性又面临着比男性更难找工作的境遇，因此当企业面临着投资效率低下的情况时，如果遇不到好的投资机会，女性经理人可能更不愿意进行资产剥离，这反而会恶化企业的困境，导致投资过度，使投资效率进一步下滑。Faccio等（2016）对此给予了实际证明，验证了女性经理人在杠杆率、收入波动和生存机会的禀赋条件下，会选择更低风险承担水平的事实。

2.2.2 股东特征与企业风险承担

Faccio等（2011）、Boubakri（2013）等指出大股东的性质和所持股份的分散化程度也会对企业的风险承担水平产生影响。Faccio等（2011）就大股东所持股份的分散化程度差异对企业风险承担的影响进行了统计方面的验证。结果表明，由分散化程度更高的股东控股的公司，会比非分散化股东控股公司具有更高的风险承担水平。这是因为，分散化程度越低，就意味着股东财富越集中，因此，股东为了自身利益会越倾向于保险性投资策略。而随着资本市场的发展，发达的资本市场会推动投资者达到更高水平的分散化程度。所以，政府发展资本市场将有助于投资者分散投资，有助于企业承担风险，从而最终促进经济的可持续发展（Barro，1991；Baumol et al.，2007；DeLong et al.，1991）。同样地，大股东性质的影响在国有性质企业的风险承担中呈现出负相关性，在私有性质企业中表现为正相关性（Boubakri，2013）。造成这种区别的原因，主要可以归结为两类：政治观和经理人观。

根据政治观，非国有企业的风险承担常常高于国有企业（余明桂 等，2013b）。这是因为，第一，国有企业的经理人通过科层组织的安排任命被授予成为全体公民的代理人，经理人投资决策会更加符合上级政府官员的偏好。因此，政治家常常通过干预国有企业经理人的经营投资决策，如对国有企业的设立、经营等实施较多的管制，以实现政治目标。这样，在政府的干预下，企业由于承担着较重的政府职能，其主要问题就自然成了既具有经营目标的扭曲，又同时存在管理层激励约束机制的制度缺漏（Morck et al.，1998；李文贵 等，2012），所以国有企业具有典型的政策性负担。因此，国有企业经理人的投资决策行为，在很大程度上为了保证既得利益者的政治或社会目标的实现，会偏离企业的价值最大化目标（Shleifer et al.，1994；黄速建 等，2006；Fogel et al.，2008），而更加符合上级政府官员的偏好，选择更有利政治目标的投资策略（周耀东 等，2012）。例如，国有企业采取冗员政策减少失业率以达到维持社会稳定等目标（Shleifer et al.，1994；陆正飞 等，2012）。第二，政府会对国有企业进行直接干预。由于《中华人民共和国公司法》规定，国有企业在进行兼并收购等重大投资决策时，必须向上级主管部门申请批准，所以政府此时可能会出于社会稳定的考虑，而拒绝批准企业进行那些虽然 NPV 为正但风险高的项目，从而抑制了企业的风险承担。第三，政府的寻租行为。由于政治关联的存在，政府官员对国有企业具有更低的寻租成本（Shleifer et al.，1994），所以企业的稀缺资源常被政府官员掠夺或占用，因此在这样的背景之下，企业常被迫放弃部分净现值为正（NPV>0）的投资机会。第四，国有企业管理层激励约束机制存在缺失。这是因为经理人具有追求私有收益的动机，因此其风险承担决策也会受到相应影响。国有企业由于其股权相比非国有企业分散度更低，所以股权的分散导致国有企业股东对经理人经营决策行为的监督力度下降，因此经理人的投机行为增加，企业资本配置效率低下。第五，国有企业经理人与非国有企业经理人任命方式不同。国有企业通过政府的行政任命决定其经理人，而我国对国有企业经理人的薪酬待遇又普遍具有较严格的标准（Hart et al.，1997），所以薪酬激励的缺乏弱化了国有企业经理人的风险偏好，降低了其承担 NPV 为正但风险较高的投资项目的意愿，这样一来，国有企业经理人常决定投资收益周期短、风险小的项目，丧失了创新积极性（吴延兵，2012）。Shleifer（1998）进一步论证了当所有权属性为国有时，企业经理人缺乏进行改善经营绩效的创新投资的激励，而在创新激励领域，非国有企业则优于国有企业。

根据经理人观，国有企业的低效率是因为在公司治理结构中缺乏对经理人有效的监督和激励机制，导致国有企业风险承担水平更低（Laffont et al., 1994）。因为企业为全国公民所有，所以每个股东都未有足够大的激励去对经理人实施有效的监督，导致经理人道德风险问题严重。相对地，私有化后的企业将有效改善企业的公司治理。私有化以后，股东在选择其经理人时，将更多从管理者能力出发，而非政治目标（Krueger，1990），这将有助于建立更为有效的监督和激励机制（白重恩 等，2006）。因此，私有化后的企业整体风险承担水平越高，越有利于企业追求长期价值增长。

2.2.3 外部制度与企业风险承担

上述关于企业风险承担的研究，从微观层面探讨了经理人特征、所有权结构对其产生的影响，但研究的基本理论前提是基于一个稳定的社会环境，并未对外部冲击予以考虑，这显然忽视了企业基于风险角度进行决策时所受到的政策约束（Faccio et al.，2011；Acharya et al.，2011；Boubakri et al，2013；张三保 等，2012；余明桂 等，2013b）。因此，在以企业的风险承担为出发点的基础之上，John 等（2008）及其他学者基于外部环境视角对此进行了研究。John 等（2008）基于经理人追逐私人利益视角，分析了投资者保护制度对经理人风险投资行为的约束，以及对企业的风险承担产生的影响。因为风险越高的项目常常具有高增长价值，即 NPV>0，所以经理人为了追逐私人利益常选择高风险、高收益的项目。这样，如果项目投资成功，高收益可以掩盖经理人从中转移的现金流收益（私人收益），使其不易被惩罚；反之即使失败，由于高风险的项目常伴随高失败概率，也会导致经理人从中转移的现金流收益不易被发现，所以经理人会选择具有更高风险的项目进行投资。而投资者保护制度的建立初衷就是为了减少经理人追逐私人利益而损害股东利益的行为，并对其给予惩罚。

不同于 John 等（2008）的研究，Acharya 等（2011）选择从另一视角——债权人权利保护视角进行研究，试图回答随着债权人权利保护的增强，企业的风险承担水平将如何改变这一问题。由于债权人权益的增强增加了低资产回报率收购者对价值低估但具有高资产回报率的目标公司采取并购的可能，因此可以降低低资产回报率企业的违约率。所以，在这样的背景制度下，当企业陷入财务困境、面临债务违约时，低资产收益率企业出于稳定的考虑，会选择更有把握的投资机会，风险承担水平下降。

此外，现有大量文献还基于法律、经济环境等视角，证实了文化价值观的形成对企业投资决策的影响。从微观层面看，文化价值观的形成会直接作用于个人的思维模式，导致个人的风险偏好和风险承担意愿发生改变。Graham 等（2013）利用美国数据揭示了经理人的风险投资决策与文化价值之间的强烈关联。从宏观层面看，文化价值与公司治理、投资者保护、司法效率、财务信息透明度等保持着紧密联系。Doidge 等（2007）利用文化差异和企业禀赋特征对公司治理差异进行解释，研究后发现，文化差异是企业公司治理差异的主要来源。与此类似，Hope（2003）的研究也证明了文化差异在解释投资者保护等制度方面的重要性，Stulz 和 Williamson（2003）亦将以宗教和语言为代表的文化价值与一国经济发展水平、贸易开放程度以及法律起源相比较，发现了文化价值对一国债权人权益保护制度变化更强的预测能力。鉴于此，Mihet（2013）针对文化价值对企业风险投资决策的影响进行了深入分析。Mihet（2013）利用 51 个国家跨 400 个行业的 50 000 家企业的数据，研究了民族文化对企业风险承担决策的影响。研究结果表明，高风险承担水平更多地表现在风险厌恶度更低、阶级式关系容忍度更低，以及个人主义度更高的文化价值观国家，而这些国家往往在金融、采矿、IT 等信息透明度较低的行业聚集着更高的潜在风险。

由于我国各地区市场化程度差异较大（樊纲 等，2010），因此，各地区经济发展水平等不尽相同，导致了在市场化进程较快的地区，法制、产权、资源等各方面都更加健全、完善。李文贵和余明桂（2012）研究我国 A 股非金融类上市公司样本，发现市场化进程的加快会减少政府的行政干预，进一步拉大国有与非国有企业的风险承担差距。同时，通过健全法律制度，市场化进程的加快也可以增强非正式制度的社会网络作用，并提升企业的风险承担水平（张敏 等，2015）。迄今为止，越来越多的研究加强了对制度环境影响企业经营管理决策的关注（Greenwood et al.，2006；Peng et al.，2009）。制度差异不仅存在于国与国之间，也存在于一国内部的不同地区。如中国就是典型的区域内各制度发展极不均衡的国家，由于中国政府长期以来针对不同地区实施梯度发展战略，因此各地区之间的制度发展水平并不均衡（樊纲 等，2010）。张三保和张志学（2012）认为，这种制度差异很可能会导致经理人的管理自主权也具有差异性。他们通过问卷调查方式，获取了学术界专家对中国 30 个省份经理人管理自主权的评价，在基于已有数据条件下，研究发现了通过经理人管理自主权地区制度差异影响企业风险承担的传导机制。

2.2.4 小结

对上述关于企业风险承担研究进行总结，我们可以得知，企业的风险承担选择是提高企业绩效和促进企业可持续成长的动力（John et al.，2008）。这对于如何确保经济的可持续发展，无疑是重要问题。由于企业的发展以外部环境的稳定为生存条件，因此探讨外部环境与企业风险承担的关联不仅对企业的长期发展具有重要意义，还对当前宏观政策如何微观化具有实践意义。目前，基于企业风险承担视角，现有文献研究已从微观、宏观层面分别探讨了公司治理、管理者特征、所有权结构、外部环境制度对其产生的影响。但不同于国外研究基于市场的完备性考虑了投资者保护制度、债权人权益制度等制度环境对企业风险承担的影响，由于我国处于经济结构转型阶段，定价标准尚且还未市场化，因此结合典型的转轨结构改革——利率市场化，探讨货币政策对企业风险承担的冲击，更具有当下中国经济特色和实际意义。

2.3 货币政策对企业风险承担的影响研究

2.3.1 货币政策影响企业风险承担的理论研究意义

众所周知，货币政策要想实现对实体经济的最终调控，需运用政策工具，通过金融中介部门或市场的金融系统，有效传递到实体经济部门（伍戈 等，2016；Ma et al.，2016），而金融系统在此则扮演联结央行货币政策与实体经济的纽带的角色。我们将此过程称为货币政策的传导（monetary transimission）。2008年次贷危机的爆发，让学者们意识到了金融安全与金融稳定的重要性，因此，重新审视货币政策传导机制已成为宏观审慎监管的重要问题。学者们围绕市场参与者如何衡量风险以及风险承担意愿，在学术界展开了一系列讨论。在此番讨论中，由 Borio 和 Zhu（2012）为代表提出的“货币政策传导机制中的风险承担渠道”（“risk-taking channel” in the transmission mechanism）得到了学术界的广泛认可。相较于传统的“金融加速器”（BGG），此渠道强调基准利率的外生变化通过引发微观主体风险认知或风险承受能力转变，导致微观主体投资组合中风险资产投资策略及风险承担意愿改变。虽然现有大量文献都集中探讨货币政策对银行体系风险承担的影响，且国内外学者皆已证明了各国货币政策变化所引致的银行部门风险承担渠道的存在（Adrian et al.，2009；Altunbas et al.，2009；Delis et al.，2011；江曙霞 等，2012；张雪兰 等，2012；

牛晓健 等，2013；汪莉 等，2015），但忽视了金融危机的本质和各国政府的实际风险。首先，古典经济学派认为金融危机问题的本质是对经济危机问题的派生。虽然金融体系的不稳定会引发系统内部流动性不足，影响对实体经济的资金供给，但因金融风险源自经济周期的波动，且金融业受制于实体经济的运行（陈雨露 等，2006），因此，经济的不稳定可能会诱使金融风险的爆发。由此可知，经济的不稳定是体制转轨国家不可忽视的重要问题（刘锡良 等，2004）。其次，在体制转轨国家中，政府倾向于首要实现经济增长目标。由于此目标的存在导致经济的快速增长稀释并掩盖了早已存在的诸多风险，随着经济增长的减缓，所积累的产能过剩、企业高杠杆等多重风险会逐渐暴露出来（Randall，1994），而如今的中国正处于内外循环、相互促进的新发展格局下，要想推动金融市场的发展，实现经济的可持续增长，作为货币政策最终目标实现的主要载体——企业的稳定发展就显得尤为重要。所以，中央政府不仅需要关注银行的风险承担，还需加强对企业风险承担的洞悉。最后，对于企业而言，企业的发展不仅受限于自身禀赋、内部公司治理结构因素的作用，还会受限于外部宏观经济的影响。企业的生存发展依赖于外部经济环境，外部经济环境的变化会对企业的禀赋特征产生剧烈冲击，所以，外部经济环境的稳定对企业发展具有重要意义。因此，在企业的长期发展中，需要将外部经济环境纳入企业的投资决策范畴，这样才能更好地防止企业决策出现偏误。

2.3.2 货币政策影响企业风险承担的经验研究

在货币政策方面，胡育蓉等（2014）、林朝颖等（2015）已揭示了我国货币政策冲击对企业风险承担的影响，具体表现为紧缩的货币政策会降低企业风险承担水平，宽松的货币政策则会提高企业风险承担水平。而对于其作用的方式，胡育蓉等（2014）、林朝颖等（2015）认为，货币政策可能通过以下四种途径对企业风险承担水平产生影响。第一，改变企业的资产价值。货币政策发生调整，可以通过利率渠道、资产负债表渠道等途径影响企业的资产负债表。如利率渠道，货币政策紧缩会导致企业投资所需资金融资成本上升，同时减少企业的净现值和抵押物的价值，使企业资产负债状况恶化和企业道德风险上升。对此，银行出于企业违约率的考虑，会选择提高信贷筛选标准，激励企业实行更稳健的风险投资策略。第二，改变企业的机会成本。一般而言，由于基准利率与长期安全资产收益率存在显著的正向关系，因此，紧缩的货币政策意味着市场利率上升，在资产的替代效应下，风险资产和无风险资产的利差会相对缩小。因此，企业获得的风险资产溢价的机会成本也随之上升。所以，理性的投资者会选择风险相对更低的项目进行投资。第三，改变银行贷款的资金供给。紧缩的货币政策，除了价格型货币政策，还包括数量型货币政策。当央行实施紧缩货币政策时，一方面，利率的上升会导致企业资产负债表恶化，弱化企业在银行的抵押物的价值，致使贷款银行降低对企业放贷的可能性；另一方面，存款准备金率的上调，将降低银行的可贷资金，加剧企业的融资约束，降低企业风险承担水平。第四，改变微观主体的预期形成。货币政策具有预期引导的作用，当经济环境不稳定时，微观主体会预估央行将降低基准利率以刺激经济，这样，当央行实施宽松货币政策时，微观主体会因对经济形式的乐观评估而增强信心，从而提高风险承担水平。

2.3.3 小结

经过对上述货币政策与企业风险承担文献的回顾，我们知道了研究货币政策与企业风险承担关联的意义所在，以及货币政策是如何对企业风险投资决策产生影响的。然而，2008 年之后所提出的风险承担渠道，作为一种研究意义上新颖的货币政策传导机制（Adrian et al.，2009），最早起源于银行部门的风险承担研究，其强调了基准利率的外生变化主要通过估值效应、追逐收益效应、央行沟通效应等对银行部门风险承受能力产生影响，从而改变银行部门的风险承担意愿（Borio et al.，2012）。但我国的金融体系是典型的银行主导型金融体系，且我国正处于经济结构转型时期，正在经历典型的转轨结构改革——利率市场化（战明华 等，2015），因此，我国的基准利率并非如联邦基金利率之类的市场化利率，而是以存贷款基准利率为主的基准利率（马骏 等，2016），所以银行风险承担渠道的分析对于我国企业的风险承担有其不适用性。而关于企业风险承担渠道的研究文献却又较少，且这些已研究文献虽已证明了货币政策与企业风险承担关联的存在，但忽视了我国货币政策转型与银行主导型金融结构两大特征。这导致已有研究存在两个问题：一是未考虑到我国现阶段货币政策调控量价共行的特点，因此未分离出“数量型”与“价格型”货币政策工具的不同冲击，以及具体影响的理论机制；二是未考虑到诸如货币政策的此类外部冲击对企业风险承担产生影响的具体作用方式，即未考虑到货币政策需要通过金融系统才能传导至企业部门，也未考虑到金融系统特别是融资方式的不同，这在很大程度上会反过来改变货币政策的影响途径（Ma et al.，2016；伍戈 等，2016），因此难以回答上述货币政策对企业风险承担的存在性是如何产生的。本书将针对我国典型的银行主导型金融结构，从理论和实证角度回答在银行体系的融资模式下，货币政策到底是如何通过银行部门而影响企业部门的风险承担的。

2.4 本章小结

本章首先对全书研究的关键变量——风险承担进行了界定，并阐述了风险承担的意义，然后分别从微观层面如经理人特征、股东特征和宏观层面外部制度环境方面梳理了现有文献对企业风险承担的研究，并进行了精要评论。通过综述前人的研究可以发现，现有大部分关于企业风险承担研究的基本理论的前提是基于一个稳定的社会环境，甚少考虑外部冲击的影响，即使是基于宏观层面研究的分析，也忽视了货币当局的政策影响（Faccio et al.，2011；Acharya et al.，2011；Boubakri et al.，2013；张三保 等，2012；余明桂 等，2013b）。因此，本章接下来以企业为出发点，探讨货币政策冲击与企业风险承担之间的关系。在此之前，本章先回顾了货币政策对企业风险承担的研究意义，紧接着总结了现有货币政策影响企业风险承担的研究文献。由于中国的金融体系是典型的银行主导型金融体系，所以通过银行金融中介传导的货币政策渠道更加适合中国国情。然而，本书探讨的货币政策对企业风险承担的影响，不同于以往传统文献，传统文献从强调银行与企业的事前行为关系出发，常常着重分析供给端银行对企业信贷资金的配给，而本书是从企业风险承担的本质出发，强调企业在投资决策时对那些预期收益和预期现金流充满不确定性的投资项目的主动选择，将银企关系研究焦点转变为事后行为，所以现有研究中货币政策传导至企业的渠道皆不适合。在回顾现有相关研究成果后发现，虽然已有学者证实了货币政策与企业风险承担的关联，却未详细阐述并证实货币政策影响企业风险承担的内在机理，所以本书接下来将以中国的银行主导型金融体系为背景，研究货币政策如何通过银行部门影响企业风险承担水平。

3 中国货币政策与企业风险承担初步分析

3.1 中国货币政策框架转型历程的回顾

货币政策的框架一方面包含货币政策工具、操作目标、中介目标和最终目标的货币政策传导机制，以及货币政策传导机制与货币政策工具之间的逻辑关系；另一方面，货币政策的框架涵盖央行与政府之间的制度安排，货币政策与财政政策、汇率政策以及国际收支制度等关系的协调。本书的研究目的乃探讨货币政策如何对企业风险承担产生影响，我们主要基于第一层次来回顾货币政策框架的转型。

根据 Walsh（2010）对中介目标的定义，当中介目标偏离预期路径且无法对预测最终目标提供有用信息时，就意味着中介目标需调整。学术界常以不同的中介目标作为区分货币政策框架转型的标志。表 3.1 描述了全球主要经济体国家货币政策框架的转型。

表 3.1 全球主要经济体国家货币政策框架的转型

经济体国家	转型前中介目标	转型后中介目标	转型时间
美国	货币供应量	联邦基金利率	20 世纪 90 年代初
英国	20 世纪 70 年代货币总量目标，20 世纪 80 年代汇率目标	回购利率	20 世纪 90 年代初
德国	基础货币	再融资利率	20 世纪 90 年代初
日本	从 M1 到 M1+CD	隔夜拆借利率	20 世纪 90 年代初
加拿大	信用总量	隔夜利率	20 世纪 90 年代初

资料来源：根据相关资料整理。

从各主要经济体国家的货币政策框架转型经验来看，近二三十年，主要经济体国家都已建立起以利率为核心的货币政策调控框架，而各国转型的主要动力和条件可归结为以下三点：①数量型指标如 M2 与最终目标的相关性显著减弱，因此，货币当局难以通过调控货币供应量来实现最终目标。②金融创新与金融深化的不断发展，导致货币需求不稳定和难以预测。由于数量与价格的不可兼容，所以盯住货币供应量将可能无法有效稳定市场利率的大幅波动。③基准利率向其他市场利率和实体经济的传导有效性增强（马骏 等，2016）。目前，中国正处于转型阶段，具有明显的经济转轨特征，这要求我们既不能贸然推进货币政策框架转型，又必须抓住改革时机，所以在当前经济全面深化改革的背景之下，探讨我国货币政策框架的转型具有现实意义。由于本书目的是研究货币政策对企业风险承担的影响，虽然我们毋庸探讨如何建立与当前经济体制相适应的货币政策框架，但我们应该明确如何选择与本书研究内容适合的货币政策工具。所以接下来，我们将对改革开放以来我国货币政策工具的运用进行全面回顾和总结。总体来看，我国的货币政策框架转型大致可分为三个阶段，目前我国正经历第三个阶段（见表 3.2）。

表 3.2　中国货币政策框架的转型

时间	1984—1997 年	1998—2014 年	2015 年至今
政策工具	信贷计划 存款准备金 存贷款基准利率等	公开市场操作 存款准备金 存贷款基准利率等	常备借贷便利 中期借贷便利 贷款基础利率 公开市场操作 定向降准 再贷款等
操作目标	贷款规模→基础货币	基础货币 （关注货币市场利率）	货币市场利率
中介目标	贷款规模→货币供应量	货币供应量	货币供应量→利率
最终目标	发展经济、稳定物价→币值稳定、促进经济增长	保持币值稳定、促进经济可持续增长	保持币值稳定、兼顾金融稳定、促进经济可持续增长

资料来源：根据相关资料整理。

注：常备借贷便利、中期借贷便利、贷款基础利率虽于 2015 年前建立，但并未正式大规模运用。

3.1.1　1984—1997 年货币政策框架的转型

1984 年，中国人民银行开始行使央行职能，在改革开放后的第一阶段里，中国人民银行制定了以贷款规模限额控制为主的货币政策框架，由国家组织信贷计划，确定贷款规模最高限额，并规定计划期内银行信贷资金的来源和运用。1985 年实行“实贷实存”信贷资金管理办法以来，中国人民银行开始兼有直接、间接调控功能。在这一时期，我国处在传统的有计划的商品经济体制的框架下，80%的银行贷款资金集中于国有商业银行，金融市场不发达，整个社会的资金可得性和资金投向决定了社会生产的总水平和经济结构。1992 年，党的十四大首次明确提出以建立社会主义市场经济体制作为我国当前经济体制改革的目标。1993 年，针对金融体制改革目标，国务院做出《关于金融体制改革的决定》，为货币政策框架的转型奠定了基础。

一方面，首先，1994 年，国家开发银行、中国进出口银行、中国农业发展银行三家政策性银行成立，这意味着政策性金融与商业性金融实现了真正意义上的分离。同时在金融市场方面，1990 年、1991 年上海证券交易所和深圳证券交易所先后成立，拓宽了企业融资渠道。其次，从 1996 年 6 月 1 日起，利率市场化进程开始，中国人民银行通过成立全国同业拆借市场，放开了银行间同业拆借利率。最后，1997 年，全国统一的银行间债券市场成立，债券回购利率放开，形成了以银行间市场为主的场外市场和以交易所为主的场内市场相互补充的金融市场体系，这为货币政策的传导提供了链条。另一方面，党的十四届三中全会明确提出将建立“产权清晰、权责明确、政企分开、管理科学”的现代企业制度，并将其作为国有企业改革的方向。在这一思想的指导下，国有企业制度改革进程加快，逐渐向真正意义上的市场主体转变，强化了货币政策实施的效果。

正是基于此转型背景，第一轮货币政策框架经历了从贷款规模向基础货币过渡的操作目标，从贷款规模向货币供应量过渡的中介目标，以及以发展经济并稳定物价为最终目标，向保持币值稳定并促进经济增长的转型。

3.1.2 1998—2014 年货币政策框架的转型

1998 年，中国人民银行取消了对国有商业银行的贷款规模限额控制，恢复了公开市场业务，这标志着我国央行宏观行政性直接调控的结束。在这一时期，中国金融机构和金融市场都经历了显著变革。

在金融机构改革方面，为了解决 1997 年亚洲金融危机后商业银行体系存在的不良资产问题，四大资产管理公司（中国华融资产管理公司、中国长城资产管理公司、中国东方资产管理公司、中国信达资产管理公司）于 1999 年相继成立，负责处置、剥离国有商业银行不良资产。2003 年，国有商业银行进行股份制改革，四大国有商业银行（中国工商银行、中国农业银行、中国银行、中国建设银行）先后整体改制，并引入战略投资者，实现了金融机构产权的明晰化和股权的多元化，成为现代股份制有限公司和真正意义上的现代商业银行。在金融市场改革方面，2003 年，为对冲外汇占款的影响，最为耀眼的货币政策工具之一——中央银行票据（以下简称“央票”）发行；2004 年起，贷款市场利率市场化启动；2005 年人民币汇改，以市场供求为基础并参考一篮子货币调节的有管理的浮动汇率制度；2007 年，上海银行间同业拆借利率（Shanghai interbank offered rate，Shibor）正式运行；2013 年 7 月，金融机构贷款利率管制全面放开。这一阶段，我国虽然正经历典型的转轨结构改革——利率市场化，但由于我国的金融体系仍是典型的银行主导型金融体系，企业以间接融资为主，因此，货币政策要想对实体经济产生影响，主要还是通过银行信贷的传导。而自 2000 年以来，我国长期的国际收支双顺差格局导致了大量外汇的涌入，中国人民银行为维护人民币汇率的稳定，被动购买了大量外汇，这成为我国基础货币的主要投放渠道，并造成银行体系流动性偏多的情形。因此，中央银行不得不通过提高存款准备金率、发行央票等方式回收过多的流动性。所以，这一时期我国的货币政策体系是以人民币币值稳定为货币政策首要目标、以货币供应量为中介目标，采用以基础货币作为操作目标并同时关注货币市场利率的货币政策体系；利率管理制度是以受到管制的存贷款利率和已实现市场化的货币市场利率为主体的利率管理制度；汇率制度是以人民币盯住美元为主、以（准）全额结售汇为特征的汇率制度；收支制度是以经常项目可自由兑换、资本项目受到管制、大量资本外逃和国际资本的跨境流动为特征的国际收支制度（汪洋，2009）。

3.1.3　2015 年至今货币政策框架的转型

党的十八届三中全会指出，经济体制改革的核心问题是处理好政府和市场的关系，使市场在资源配置中起决定性作用，要想引导市场发挥配置功能，对资源配置起决定性作用的基准价格就必须得到发挥，这为我国货币政策框架从“数量型”向“价格型”转变提供了政策支持。之所以“十三五”期间，我国宏观经济调控体系改革的一项重要议程，是将货币政策框架从“数量型”向“价格型”调控转型，正是因为我国经济结构调整中所面临的现实问题倒逼了货币政策框架的转型。

3.1.3.1　数量型指标与最终目标的脱离

2008 年金融危机后，在我国货币政策的实践中，货币流通速度不断下降，货币乘数大幅上升，且近几年实际值和目标值差异逐渐趋大，货币供应量作为中介目标在客观上的可控性和相关性问题逐渐加重。直到 2014 年，我国基础货币供给的投放渠道产生了重大转变——从外汇占款供给渠道变更为货币政策工具投放的主渠道。一直以来，由于外汇占款的原因，中国人民银行只能被动地根据经济发展所需货币量投放货币，这带来了货币供给的内生性问题。为此，在外汇占款增速明显放缓的作用下，当经济步入平衡增长的“新常态”时，央行货币政策调控的主动能力也随之增强。央行于 2013 年全面放开贷款基准利率下限，创设常备借贷便利（standing lending facility，SLF）；2014 年创设中期借贷便利（medium - term lending facility，MLF）和抵押补充贷款（pledged supplementary lending，PSL）；2015 年建立存款保险制度，完善人民币汇率中间价报价机制，并全面放开存款基准利率上限。自此，利率市场化改革初步完成，使货币政策框架向价格调控型转变成为可能。

3.1.3.2 金融创新的发展

金融创新的不断发展倒逼了货币政策框架的转型。2008 年金融危机之后，部分逃离监管的新型业务模式逐渐涌现，信用创造活动愈加复杂化。新增贷款在社会融资中的占比逐渐下降，表外业务、理财产品、货币市场基金、委托贷款等呈爆发式增长，P2P 等民间信用活动在正规金融体系之外野蛮生长，金融产品的多元化和融资渠道的复杂化均对传统数量型货币政策调控模式带来了挑战。而其中，大量表外业务和影子银行具有的以短搏长、期限结构复杂化等特征使得流动性供求矛盾更加突出，货币需求变得更加不稳定和难以预测。在社会总需求不断攀升的背景下，融资主体普遍存在的财务预算软约束问题和由投资拉动经济增长模式造成的持续推升的我国高债务问题，最终在总量上易导致市场利率波动加大（如 2013 年的“钱荒”），流动性供求矛盾进一步深化。

3.1.3.3 利率传导的有效性增强

理想的传导机制理应使基准利率向零售市场、债券市场等中长期市场利率保持传导畅通且正向联动（马骏 等，2016）。但实际上，利率传导的畅通取决于多重因素，既包括微观主体如商业银行、企业、消费者的行为决策，又包括体制环境。我国的金融体系是典型的银行主导型金融体系，在以银行信贷总量调控为主的背景下，为了有效控制银行信贷资金的过度扩张，中国人民银行和监管部门实施了存款准备金率、存贷比等制度约束。但由于银企间信息不对称，银行信贷资金的配置往往过度流向预算软约束且经营效率较低的企业，地方债务、企业高杠杆、产能过剩等多重经济风险并发。鉴于此，马骏和纪敏（2016）针对我国利率传导机制可能存在的缺陷问题进行了深入研究。首先，他们使用动态随机一般均衡模型（dynamic stochastic general equilibrium，DSGE）分析并解释了基准利率向零售市场和债券市场传导的机理，证实了在无体制约束的情况下，基准利率对其他市场利率传导的有效性。其次，他们重点研究了我国现有体制约束对利率传导效率的影响。结果显示，无论是存贷比、存款准备金率或预算软约束等制度约束，基本上都弱化了基准利率的传导效率。最后，他们还利用中国经验数据分析了短期利率对中长期银行贷款利率和债券收益率的传导结果。研究显示，短期利率在零售市场和债券市场存在传导效应，只是我国短期利率的传导效率尚相对较弱，只有发达国家的50%~80%。以上结论证实了数量型货币政策向价格型货币政策转型的适度合理性。2019年8月，中国人民银行宣布改革完善LPR，各银行应在新发放的贷款中主要参考贷款市场报价利率定价。这标志着商业银行自主报价决定机制得到加强，贷款市场竞争增强，利率市场化改革进一步向纵深推进。LPR改革一方面推动了实体经济的融资成本下降；另一方面，以MLF为锚定目标，提高了对市场利率的敏感度，推进了贷款利率市场化（何德旭 等，2019）。所以，目前货币政策框架正处在向利率过渡的中介目标和以中期借贷便利等新型政策工具进行公开市场操作的转型阶段。

3.1.3.4 货币政策和宏观审慎政策双支柱的调控框架

2008年金融危机在全球爆发，危机表明，空间维度（在全球经济金融高度关联的情况下，金融机构之间相互关联，当单个金融机构倒闭时，可能会因彼此间的相互关联，使得危机传染效应迅速扩张到整个金融体系）和时间维度（金融体系与实体经济之间通过相互促进产生顺周期效应，放大经济繁荣和衰退周期，加剧经济周期性波动和金融体系不稳定性）两个层面的关联与传染，使系统性金融风险具有广泛的宏观影响，一旦危机爆发将对经济金融体系造成巨大破坏（张斌 等，2019）。所以，鉴于宏观金融风险的系统性和巨大破坏性，如何防控宏观金融风险成为自2008年全球金融危机爆发以来经济学界最热的议题之一，也导致越来越多的经济学家开始反思是否需要重新调整原有政策以守住不发生金融系统性风险底线。而在这其中，中国人民银行是否应该将金融稳定纳入政策目标、若纳入政策又该如何协调，便成为政策机制变革的新命题。党的十九大报告提出，要“健全货币政策和宏观审慎政策双支柱调控框架”，明确了转型阶段货币政策的调整方向，以及将货币政策纳入企业等微观主体投资决策的重要意义。

3.2 中国企业风险承担的变化趋势

3.2.1 企业风险承担的测估方法

3.2.1.1 现有风险承担指标简介

风险承担反映了企业在投资决策时，对那些预期收益和现金流充满不确定性的投资项目的选择，投资的项目风险性越高，意味着企业资本回报率的波动性越大，企业的风险水平也越高（John et al.，2008；Boubakri et al.，2013；余明桂 等，2013b）。在国外，John 等（2008）、Acharya 等（2011）、Faccio 等（2011，2016）、Boubakri 等（2013）均以 *Roa* 的波动性作为衡量企业风险承担的指标；而在国内，张三保和张志学（2012）、李文贵和余明桂（2012）、余明桂等（2013b）、胡育蓉等（2014）也都认为，更高的风险承担水平意味着企业未来现金流入面临的不确定性增加，因此亦采用企业盈利的波动性（*Roa* 标准差）对企业的风险承担进行衡量。除此之外，Coles 等（2006）、Wang（2012）针对企业风险承担，选择了某项风险承担具体行为作为替代变量，如研发支出、固定资本支出、广告费支出、财务杠杆等。Nakano 和 Nguyen（2012）则使用实际收益（Tobin's Q 值、股票收益率等）与预期收益之差的绝对值或自行构建企业风险承担指标如 Altman's Z-score 和 Olson's O-score 等指数。

表 3.3 是风险承担的测估方法。

表 3.3 风险承担测估方法

测估方法	学者	优点	缺点
具体某一项风险担当行为	Kim 和 Lu（2011）、Li 等（2013）	直观、简单	侧面间接反映，指标自身具有风险承担之外的其他内涵
企业盈余或股票收益波动性	Acharya 等（2011）、Faccio 等（2016）	相对准确、全面	易受管理层操控报表和我国资本市场投机行为影响
实际收益与预期收益差	Nakano 和 Nguyen（2012）、Nguyen（2011）	相对准确、全面	噪音较多，计量困难

表3.3(续)

测估方法	学者	优点	缺点
构建的风险承担测度指标	Nakano 和 Nguyen (2012)	体现了风险承担的后果	无法体现企业自身主动承担高风险的内涵

资料来源：根据相关资料整理。

3.2.1.2 风险承担指标选取依据

风险承担讲的是企业在投资决策时，对那些预期收益和现金流充满不确定性的投资项目的选择，所以风险和不确定性息息相关。虽然从严格意义上来讲，不确定性与风险并不等价，但风险是可衡量的不确定性，所以在研究中我们一般只研究风险，而不会对二者进行区分。由于更高的风险承担水平意味着现有营运资产在未来持续产生的盈余价值，或者现有投资机会集所带来的收入流将面临更大的不确定性，因此本书在参照已有相关文献的基础上，选择了目前企业风险承担研究领域内被认可的且相对更能够代表企业整体风险承担含义的变量——资产收益率标准差 σ（*Roa*）来表示企业在每一时段内的风险承担水平（John et al.，2008；Acharya et al.，2011；Boubakri et al.，2013；Faccio et al.，2011、2016）。σ（*Roa*）是指公司的经营资产收益率的波动性，*Roa* 定义为净利润与总资产的比率。为了保证消除行业异质性因素的干扰，我们首先对企业每一年的 *Roa* 采用行业平均值进行调整，然后再计算企业在每一观测时段内经行业调整后的 *Roa* 的标准差。

这里需要说明的是，虽然风险承担这个指标的量化方式并不能完全反映出企业本身承担意愿的结果（企业根据自身承担能力从中选择投资的风险项目），但在难以获取企业如何改变项目风险的行为指标条件下，*Roa* 的波动是目前研究领域内的一个标准衡量企业风险承担的指标。这个变量在一定程度上捕捉到了投资者的投资决策风险，且企业的风险承担既是 *Roa* 波动增大的充分条件，又是在现有企业风险承担研究领域范围内被认可的最能体现风险承担含义的变量。因此，我们最后还是依照广泛的研究范式，选择了以 *Roa* 的波动作为企业风险承担的衡量指标（John et al.，2008；Acharya et al.，2011；Faccio et al.，2011、2016）。

3.2.2 企业风险承担的估计与分析

3.2.2.1 数据说明与风险承担的计算

鉴于本书研究目的是探讨货币政策与企业风险承担的关联，因此我们根据本章第一节货币政策转型历程的回顾，以 2004 年贷款利率下限市场化进程为时间点，首先采用 2004 年第一季度至 2015 年第三季度数据，对中国 A 股上市公司的风险承担进行分析（样本分布情况见表 3.4）。由于中国上市企业管理人员任期通常为三年一届，所以本书采用滚动方式，以每三年为 1 个观测时段，根据 John 等（2008）的方法计算企业的风险承担水平。其次，我们将金融类上市公司、ST 股、PT 股以及相关数据缺失的观测值予以剔除。最后，根据三年观测期内所有权是否发生转变，将所有权变更的观测值也予以剔除。由于本书的研究采用季度数据，而实际控制人的披露是年度数据，因此本书针对年度内所有权发生变更的公司，采用人工收集相关季报的方式获得实际控制人信息，最终获得总样本共计 41 912 个。

表 3.4 样本分布情况

观测时段	样本值	观测时段	样本值	观测时段	样本值	观测时段	样本值	合计
2004Q1—2006Q4	669	2004Q2—2007Q1	747	2004Q3—2007Q2	776	2004Q4—2007Q3	777	41 912
2005Q1—2007Q4	779	2005Q2—2008Q1	798	2005Q3—2008Q2	801	2005Q4—2008Q3	810	
2006Q1—2008Q4	822	2006Q2—2009Q1	851	2006Q3—2009Q2	872	2006Q4—2009Q3	910	
2007Q1—2009Q4	932	2007Q2—2010Q1	953	2007Q3—2010Q2	981	2007Q4—2010Q3	1 013	
2008Q1—2010Q4	1 035	2008Q2—2011Q1	1 066	2008Q3—2011Q2	1 080	2008Q4—2011Q3	1 078	
2009Q1—2011Q4	1 076	2009Q2—2012Q1	1 081	2009Q3—2012Q2	1 109	2009Q4—2012Q3	1 180	
2010Q1—2012Q4	1 261	2010Q2—2013Q1	1 347	2010Q3—2013Q2	1 418	2010Q4—2013Q3	1 503	
2011Q1—2013Q4	1 580	2011Q2—2014Q1	1 659	2011Q3—2014Q2	1 723	2011Q4—2014Q3	1 770	
2012Q1—2014Q4	1 809	2012Q2—2015Q1	1 856	2012Q3—2015Q2	1 895	2012Q4—2015Q3	1 895	

根据 3.2.1 的分析，本节参照 John 等（2008）、Acharya 等（2011）、Boubakri 等（2013）、Faccio 等（2011、2016）的研究范式，采用三年期滚动计算资产收益率（*Roa*）的波动性（标准差）来衡量风险承担水平。我们借鉴李文贵和余明桂（2012）对风险承担的衡量方法。首先，按行业计算行业均值，计为 $\frac{1}{M}\sum_{j=1}^{M} Roa_{jn}$，其中，$n$ 取值为 1~12，分别代表三年期观测时段内的不同季度；j 代表该行业的第 j 家企业，该行业内总共有企业 M 家。其次，对每家企业每时点上的观测值 *Roa* 按照行业进行调整，记为 *AdjustedRoa*，$AdjustedRoa_{in} = Roa_{in} - \frac{1}{M}\sum_{j=1}^{M} Roa_{jn}$，$i$ 代表企业。最后，计算企业经行业调整后的 *AdjustedRoa* 在滚动窗口期的标准差 *Risk*，$Risk_i = \sigma(AdjustedRoa_{in})$，并将其作为相应观测时段的第一期期末值。

表 3.5 统计了观测期内企业总样本和分组样本的风险承担水平均值和标准差。按照企业的实际控制人进行划分：当企业实际控制人为国有主体时①，该企业定义为国有企业，否则为非国有企业。根据李文贵和余明桂（2012）及《上市公司行业分类指引（2012 年修订）》，将制造业、信息技术业、科学研究和技术服务业企业视为高新技术产业企业，其余为非高新技术产业企业。根据盛丹和王永进（2010）的研究，使用《中国固定资产投资统计年鉴》中各行业扣除自筹资金以外的投资资金与总投资资金之比，作为行业对外部融资依赖程度的度量②，通过比较每年各行业外部融资依赖程度与全国平均融资依赖程度，将高于平均值以上的行业视为高依赖外部融资行业，低于平均值以下的行业视为非高依赖外部融资行业。从表 3.5 的描述性统计中我们可发现，在样本期内，总样本企业风险承担均值为 0.016 8，标准差为 0.012 6。通过对比三组子样本，一方面可以看出，非国有企业风险承担水平为 0.017 7，比国有企业要高 0.001 5（国有企业为 0.016 2）；高新技术型企业风险承担水平为 0.017 9，高于非高新技术型企业 0.003 3（非高新企业为 0.014 6）；非高依赖型企业风险承担水平为 0.017 2，超出高依赖型企业 0.002 8（高依赖型企业为 0.014 4），可见各分组内不同企业的风险承担水平确实存在差异。另一方面，从标准差而言，非国有企业标准差为 0.013 4，国有企业标准差相对较小，为 0.012 0；高新技术企业标准差为 0.013 2，而非高新技术型企业为 0.011 1；非高依赖型企业为 0.012 9，与之相对应的高依赖型企业则为 0.010 6。由此可见，风险承担水平（意愿）越高的企业样本组，其标准差也越大，即收益和现金流的不确定性或波动更大。

表 3.5　企业风险承担描述性统计

样本	企业风险承担（平均值）	标准差	观测值
总样本	0.016 8	0.012 6	41 912
国有企业	0.016 2	0.012 0	24 039
非国有企业	0.017 7	0.013 4	17 873
高新技术型企业	0.017 9	0.013 2	28 278

① 实际控制人通过国泰安数据库（CSMAR）获得。由于本书的研究采用季度数据，而实际控制人的披露是年度数据，因此本书针对年度内所有权发生变更的公司采用人工收集相关季报的方式获得实际控制人信息。

② 出自“国民经济行业小类城镇投资资金来源构成”。总投资资金包括国家预算内资金、国内贷款、债券、利用外资（利用外国直接投资）、自筹资金和其他。

表3.5(续)

样本	企业风险承担（平均值）	标准差	观测值
非高新技术型企业	0.014 6	0.011 1	13 634
高依赖型企业	0.014 4	0.010 6	5 788
非高依赖型企业	0.017 2	0.012 9	36 124

3.2.2.2 企业风险承担的变化趋势与分析

由于风险承担意愿增加，意味着企业选择更高风险、更高收益，且具有长期价值性项目投资的倾向增大，因此企业风险承担水平越高，往往也就需要管理者具有更高的冒险偏好。但风险规避者为了任职稳定的目标，往往会放弃部分风险高而净现值为正的投资机会，从而抑制了企业创新的积极性，不利于企业价值最大化（Hilary et al., 2009；余明桂 等，2013a）。所以 John 等（2008）认为，企业的风险承担对于提高企业绩效和促进企业长期价值增长具有重要意义。图 3.1 是根据观测期内企业风险承担均值所描绘的时间走势图。

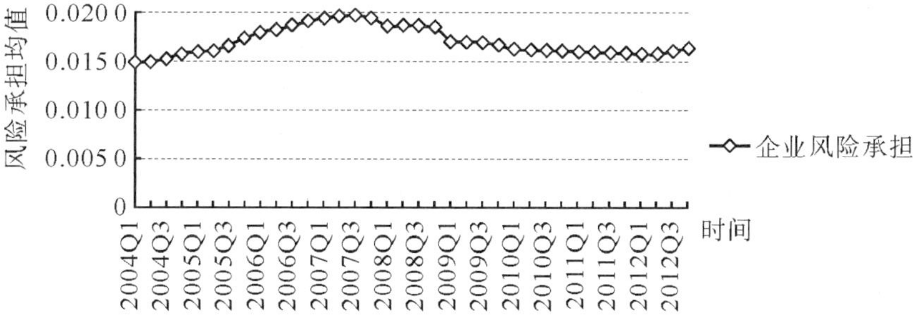

图 3.1 企业风险承担走势图

从图 3.1 可知，2004 年以来，中国 A 股上市公司的企业风险承担水平总体呈现出先上升后下降的趋势，且在 2008 年金融危机爆发之前，企业风险承担水平逐年攀升，直到金融危机爆发后，企业风险承担水平才开始下降。对此的具体解释为：①企业作为市场主要参与主体之一，其行为受市场环境的影响。当市场环境处于资金宽裕的环境中时，企业管理者的风险容忍度增大，风险承担行为增加；随着市场环境形势变得紧张，企业投资收益不确定性也可能随之增大，管理者为了稳定的目标，将降低风险承担水平，选择更加稳健的投资策略。②我国长期以来以国有银行为主导的金融体系背景导致了大量信贷资金流向低效率的大型企业，形成企业高杠杆、高负债，银行不良贷款率高等局面。2008 年金融危机虽来自美国，但风险具有传染性，次贷危机导致了信贷风险的进一步暴露，进而危及整个金融体系的稳定。因此，在审慎监管下，2008 年之后，企业风险承担水平开始呈现出下降趋势。

综上所述，企业的风险承担决策具有受外部环境影响的特征。现有关于企业风险承担的研究，除从微观层面探讨了公司治理、管理者特征以及所有权结构对其产生的影响，还应将企业风险投资决策范畴纳入考虑，这对于企业价值增长既具有实际意义又具有研究价值。

3.3 货币政策影响企业风险承担的初步分析

已有研究表明，风险承担是经济长期增长的基础和支撑（Barro，1991；DeLong et al.，1991；Acemoglu et al.，1997；Baumol et al.，2007；Boubakri et al.，2013；John et al.，2008；余明桂 等，2013b；张三保 等，2012）。那么，除企业自身因素对风险承担水平具有影响外，从客观层面来看，政府能否通过货币政策来改变企业的风险承担行为呢？现有关于企业风险承担的研究主要从微观层面，如所有权结构等探讨了二者间的联系，研究的基本理论前提是基于一个稳定的社会环境，并未考虑外部冲击的影响，更鲜有从宏观层面分析货币当局的政策如何影响企业的风险承担行为的研究，这显然忽视了企业基于风险角度进行决策时所受到的政策约束（Faccio et al.，2011；Acharya et al.，2011；Boubakri et al.，2013；张三保 等，2012；余明桂 等，2013b）。因此，本书将以企业为出发点，探讨货币政策冲击与企业风险承担之间的关系，由此产生的研究成果可以为政府在控制实体经济风险的同时，为保证经济的长期发展提供借鉴。

3.3.1 货币政策对企业风险承担的研究价值考察

3.3.1.1 货币政策、企业风险承担与企业价值

企业的最终目的是为了实现价值的长期增长，而货币政策可以通过影响微观企业的风险投资决策行为，使企业产出最终发生变化（饶品贵 等，2013）。李文贵和余明桂（2012）认为，企业的风险承担行为对自身发展具有长远的重要影响，这是因为企业为了实现价值最大化的目标，会选择投资风险更高的项目，促进企业的创新与技术研发，从而进一步提高企业生产率，以达到加快资本积累的目的。John 等（2008）针对企业风险承担水平和企业成长性进行了经验分析，发现二者间确实存在显著的正向关系。那么，本书拟研究的货币

政策改变对企业风险承担所产生的影响，是否具有持续的经济后果呢？货币政策对企业风险承担的影响是否对实体经济的发展和政府决策提供了重要的实践意义呢？接下来，本书将对企业风险承担的经济后果进行分析。由于研究目的是考察货币政策对企业风险承担行为带来的经济后果，所以我们在计量模型中加入被解释变量的滞后项。根据李文贵和余明桂（2012）的研究成果，将模型设定如下：

$$TobinQ_{it} = \alpha_0 + \alpha_1 MP_t + \alpha_2 Risk_{it} + \alpha_3 MP_t \times Risk_{it} + \alpha_4 TobinQ_{it-1} + \alpha_5 X_{it} + \varepsilon_{it} \tag{3.1}$$

其中，*MP* 是货币政策变量，分别选用加权贷款基准利率和准备金率，根据央行每次调整按期加权计算。企业价值的量化指标则根据李文贵和余明桂（2012）的研究，选择企业 *TobinQ* 来表示。依照上述计算方法，选择 3 年为 1 个观测期，在此，*TobinQ* 是企业在每三年观测时段内的平均值。*Risk* 为按照上述方法采用 *Roa* 的标准差所计算的企业风险承担水平。根据已有文献的研究（John et al.，2008；Faccio et al.，2011；张太原 等，2007；伍中信 等，2013；李文贵 等，2012），模型（3.1）中的控制变量 *X* 包含了企业层面和宏观层面可能影响企业风险承担的变量①。其中，企业层面的变量包括企业年龄（*Age*）②、成长能力（*Gsales*）、企业杠杆率（*Leverage*）、有形资产比率（*Tangible*）③、企业规模（*Size*）、股权集中度（*Fs*）及权益报酬率（*Roe*）；宏观层面的变量包括市场收益率（*Stockm*）和宏观风险（*Macrisk*）。*Macrisk* 为季调后的季度实际 GDP 增长率，按三年期滚动计算当期标准差 $\sigma(AdjustedRealGDP_n)$（Acharya et al.，2011）（见表 3.6）。

表 3.6　货币政策影响企业风险承担的经济后果模型变量定义（一）

变量名	变量的具体构造
TobinQ	托宾 *Q*
Rate（贷款基准利率）	一年期加权贷款基准利率
Reserve（准备金率）	大、中、小型金融机构准备金率均值
Risk	企业风险承担即 $\sigma(Roa)$

① 除被解释变量和宏观风险变量之外的所有变量，均选取企业进入相应观测时段的第 1 期期末值（季度）。

② 企业年龄为公司现经营时间与成立时间之差的自然对数值。

③ 有形资产比率＝（资产总额－无形资产净值）/资产总额，无形资产净值＝无形资产＋商誉＋投资性房地产。

表3.6(续)

变量名	变量的具体构造
Stockm	沪深 300 指数季度收益率
Fs	企业第一大股东持股比例
Leverage	企业总负债/总资产
Gsales	(本季度营业收入-上季度营业收入)/上季度企业营业收入
Age	企业年龄的自然对数
Tangible	(资产总额-无形资产净值)/总资产
Roe	净利润/股东权益平均余额
Size	总资产的自然对数
Macrisk	实际 GDP 季度增长率的波动，1978=100

表 3.7 是货币政策与企业风险承担对企业价值增长的系统 GMM 估计结果。表中（1）、（3）列分别显示了当期基准利率和准备金率与企业风险承担水平对当期企业价值的影响，（2）、（4）列则分别统计了滞后 1 期基准利率和准备金率与企业风险承担水平对当期企业价值的影响。结果显示，一是在当期模型中，首先，货币政策对企业价值在 1%的显著水平上具有负向影响，系数估计值分别为-0.013 0、-0.006 0；其次，企业风险承担水平的提高有助于企业价值增长，每提高 1%，企业可增加价值 0.837%和 0.753 5%；最后，宽松的货币政策通过影响企业的风险承担决策，可进一步提升企业价值。模型中 *Rate* × *Risk* 和 *Reserve* × *Risk* 的系数符号显著为负，表明在宽松的货币政策（基准利率下降）下，企业的风险承担行为进一步扩大了货币政策对企业价值增长的影响，体现为 $|-0.330\,0| > |-0.013\,0|$，$|-0.110\,7| > |-0.006\,0|$。正如胡育蓉等（2014）、林朝颖等（2015）的研究所示，这是因为紧缩的货币政策会降低企业风险承担水平，而宽松的货币政策则会提高企业风险承担水平，所以宽松的货币政策本身不仅对企业价值增长具有显著影响，还通过影响企业的风险投资决策，进一步对企业的价值产生积极作用。二是，通过对滞后 1 期模型的分析，揭示了货币政策、企业风险承担水平和未来价值增长的关联。L. *Rate* × *Risk* 和 L. *Reserve* × *Risk* 的系数符号显著为负，表明在宽松的货币政策下，企业的风险承担行为不仅会直接提升当期企业价值，同时也有助于未来企业价值的增长。此外，由于 L. *Rate* 和 L. *Reserve* 不显著，说明货币政策对企业未来价值的改变无直接影响，但根据已有研究揭示的货币政策与企业风险承担

之间的负向效应，我们通过 L. *Rate* × *Risk* 和 L. *Reserve* × *Risk* 的显著性可以推导出，宽松货币政策主要通过影响企业的风险承担行为来对未来企业价值的增长产生影响。这意味着，虽然当期企业价值的提升依赖于宽松的货币政策，但从本质上来看，促进企业未来价值增长的关键是货币政策改变企业的风险投资行为。所以，这部分研究结果不仅从微观层面证明了实体经济的发展依赖于宏观环境的变化，还证实了实体经济的长期发展与实体经济风险承担之间的关系。

表 3.7　货币政策、企业风险承担水平与企业价值

变量名	(1)	(2)	(3)	(4)
	TobinQ	*TobinQ*	*TobinQ*	*TobinQ*
Rate	-0.013 0*** (0.001 2)			
Reserve			-0.006 0*** (0.000 6)	
Risk	0.837 0*** (0.280)		0.753 5** (0.307 6)	
Rate × *Risk*	-0.330 0** (0.130)			
Reserve × *Risk*			-0.110 7** (0.048 7)	
L. *TobinQ*	0.990 0*** (0.007 0)	1.015 0*** (0.007 5)	0.964 3*** (0.008 3)	1.020 9*** (0.007 9)
Stockm	0.036 1*** (0.002 1)		0.031 1*** (0.002 0)	
Fs	-0.044 0*** (0.010 9)		-0.036 2*** (0.010 0)	
Leverage	-0.015 6 (0.019 7)		-0.021 2 (0.019 8)	
Gsales	-0.014 5*** (0.002 7)		-0.004 4*** (0.000 8)	
Age	0.121 0*** (0.018 5)		0.204 3*** (0.020 9)	
Tangible	-0.036 3** (0.016 6)		-0.024 3 (0.015 0)	

表3.7(续)

变量名	(1)	(2)	(3)	(4)
	TobinQ	*TobinQ*	*TobinQ*	*TobinQ*
Roe	0.029 0** (0.012 4)		0.005 0 (0.008 6)	
Size	-0.144* (0.086 1)		-0.265 9*** (0.085 3)	
Macrisk	2.123 0*** (0.562)		0.535 8 (0.534 3)	
L. *Rate*		-0.000 5 (0.001 3)		
L. *Reserve*				-0.000 7 (0.000 5)
L. *Risk*		0.216 0 (0.320 0)		-0.296 0 (0.382 3)
L. *Rate* × *Risk*		-0.350 0*** (0.131 0)		
L. *Reserve* × *Risk*				-0.096 9* (0.056 9)
L. *Stockm*		-0.043 2*** (0.001 9)		-0.047 3*** (0.002 1)
L. *Fs*		-0.032 2*** (0.008 5)		-0.016 6** (0.007 7)
L. *Leverage*		0.064 8*** (0.019 1)		0.063 4*** (0.019 2)
L. *Gsales*		0.004 6*** (0.000 7)		0.007 1*** (0.001 8)
L. *Age*		0.036 4* (0.019 8)		0.079 9*** (0.024 4)
L. *Tangible*		-0.061 3*** (0.020 6)		-0.053 0** (0.020 6)
L. *Roe*		0.018 8** (0.008 5)		0.019 7** (0.010 7)
L. *Asset*		0.157 0 (0.098 5)		0.266 1*** (0.099 7)

表3.7(续)

变量名	(1)	(2)	(3)	(4)
	TobinQ	*TobinQ*	*TobinQ*	*TobinQ*
L. *Macrisk*		4.888 0*** (0.560 0)		4.546 9*** (0.523 6)
Wald 检验	40 862.71	47 481.94	25 322.29	37 901.26
P 值	0.000	0.000	0.000	0.000
AR (1)	0.000	0.004	0.000	0.006
AR (2)	0.587	0.338	0.754	0.433
Sargan 值	0.312	0.373	0.204	0.110

说明：＊＊＊、＊＊和＊分别表示1%、5%和10%的显著性水平，括号中的数字为稳健标准误。变量名表示该变量的滞后1期。Wald检验统计量和 *P* 值表示回归系数联合显著性，AR(1)和AR(2)分别为一阶和二阶自回归结果，Sargan值是过度识别约束检验。回归已控制行业效应。

3.3.1.2 货币政策、企业风险承担与经济增长

改革开放以来，中国经济保持长期高速增长，创造了举世瞩目的“中国奇迹”，在世界范围内引起了广泛的关注。那么，货币当局的货币政策与企业的风险承担行为又会对经济增长带来何种影响呢？接下来，我们将考察货币政策与企业风险承担的第二层面——经济后果，即货币政策、企业风险承担与经济增长之间的关系。由于研究目的仍然是考察货币政策对企业风险承担行为的经济后果，因此我们仍根据3.3.1.1部分货币政策、企业风险承担与企业价值的分析，选择在计量模型中加入被解释变量的滞后项，模型设定如下：

$$GDP_{nt} = \alpha_0 + \alpha_1 MP_t + \alpha_2 Risk_{nt} + \alpha_3 MP_t \times Risk_{nt} + \alpha_4 TobinQ_{nt-1} + \alpha_5 X'_{nt} + \varepsilon_{nt} \tag{3.2}$$

需注意的是，前述企业价值回归模型中的 i 表示企业 i，而此处经济增长模型中的 n 代表地区 n。*MP* 是货币政策变量，与前述相同，仍然分别选用加权贷款基准利率和准备金率，根据央行每次调整按期加权计算。经济增长以2003年为基准，采用地区实际人均国内生产总值增长率来衡量。*Risk* 为根据Jhon等（2008）采用 *Roa* 的标准差所计算的按地区平均化后的企业风险承担水平。根据已有文献的研究（刘瑞明 等，2010；刘瑞明，2011），模型（3.2）中的控制变量 X 包含了地区宏观风险（*Macrisk*）、地区教育水平（*Education*）、地区外商直接投资水平（*Fdi*）、地区第二产业比（*Sec*）、地区开放程度

（*Open*）、地区财政缺口率（*Fin*）和国内信贷资源总规模（*New*）（见表 3.8）。

表 3.8 货币政策影响企业风险承担的经济后果模型变量定义（二）

变量名	变量的具体构造
GDP	地区实际人均国内生产总值增长率，以 2003 年为基准
Risk	按地区平均化企业风险承担，即 $\frac{1}{n}\sum_{i=1}^{n}\sigma_i(Roa)$
Rate	一年期加权贷款基准利率
Reserve	大、中、小型金融机构准备金率均值
Macrisk	实际 GDP 季度增长率的波动，1978=100
Education	地区大专及以上文化程度人数/地区总人口
Fdi	地区外商直接投资/地区国内生产总值
Sec	地区第二产业产值/地区国内生产总值
Open	地区进出口总额/地区国内生产总值
Fin	（地区财政支出-地区财政收入）/地区国内生产总值
New	年度新增人民币贷款总额/国内生产总值

表 3.9 是货币政策与企业风险承担对经济增长的系统 GMM 估计结果。（1）、（3）列分别显示了当期基准利率和准备金率与企业风险承担水平对当期经济增长的影响，（2）、（4）列则分别统计了滞后 1 期基准利率和准备金率与企业风险承担水平对当期经济增长的影响。结果显示，一是，在当期模型中，首先，“价格型”货币政策对经济的实际增长在 10%的显著水平上具有负向影响，系数估计值为-0.040 4，而“数量型”货币政策却对实际经济增长无显著的直接影响；其次，企业风险承担水平的提高在“价格型”模型中能促进经济增长；最后，宽松的货币政策通过影响企业的风险承担决策可进一步推动经济增长，表现为基准利率每下降 1%，通过 *Rate* × *Risk* 影响企业的风险承担行为将使实际人均 GDP 增长率提高 2.099%。二是，通过对滞后 1 期模型中货币政策、企业风险承担水平和未来经济增长关联的实证考察，主要发现以下三点：第一，L. *Rate* × *Risk* 和 L. *Reserve* × *Risk* 的系数符号皆显著为负，揭示了在宽松的货币政策下，企业的风险承担行为不仅有助于促进当期经济增长，也对未来经济的发展具有积极影响；第二，货币政策（L. *Rate* 和 L. *Reserve*）对未来经济增长无显著影响，而企业风险承担（L. *Risk*、L. *Rate* × *Risk* 和 L. *Reserve* × *Risk*）的影响显著，这说明未来实际经济增长的关键是依靠企业的风

险承担决策，证实了风险承担是经济长期增长的基础和支撑（Barro，1991；Baumol et al.，2007；DeLong et al.，1991）；第三，“数量型”货币政策在当期模型和滞后 1 期模型中影响差异显著，这意味着“数量型”货币政策的反应具有滞后性，具体表现为在当期模型中无显著影响，但在滞后 1 期模型中产生了显著作用。

表 3.9　货币政策、企业风险承担与经济增长

变量名	(1)	(2)	(3)	(4)
	GDP	*GDP*	*GDP*	*GDP*
Rate	−0.040 4* (0.022 4)			
Reserve			0.009 1 (0.006 5)	
Risk	12.950 0** (5.255 0)		−1.289 2 (4.192 2)	
Rate × *Risk*	−2.099 0** (0.872)			
Reserve × *Risk*			−0.153 1 (0.233 3)	
L. *GDP*	1.019 0*** (0.030 3)	1.065 0*** (0.033 4)	0.990 7*** (0.027 7)	1.075 6*** (0.040 9)
Macrisk	2.429 0* (1.356 0)		2.373 6 (1.457 6)	
Education	−34.650 0* (19.12)		−6.300 4 (112.486 5)	
Fdi	−0.359 0* (0.213 0)		0.043 6 (0.097 1)	
Sec	0.027 5*** (0.006 5)		0.017 3*** (0.006 5)	
Open	−0.990 0 (0.869 0)		−1.432 3 (0.992 3)	
Fin	0.009 5 (0.048 7)		0.060 5 (0.066 3)	
New	0.140 0 (0.311 0)		0.372 4 (0.274 1)	

表3.9(续)

变量名	(1)	(2)	(3)	(4)
	GDP	*GDP*	*GDP*	*GDP*
L. *Rate*		−0.000 9 (0.022 1)		
L. *Reserve*				−0.006 8 (0.007 0)
L. *Risk*		32.040 0*** (12.410 0)		0.659 0* (0.354 7)
L. *Rate* × *Risk*		−5.412 0** (2.102 0)		
L. *Reserve* × *Risk*				−0.051 3* (0.030 4)
L. *Macrisk*		6.070 0* (3.143 0)		0.877 8 (1.334 8)
L. *Education*		−71.940 0 (46.660 0)		−26.605 3 (20.214 5)
L. *Fdi*		−0.586 0* (0.315 0)		0.037 2 (0.206 5)
L. *Sec*		0.005 1 (0.009 7)		0.007 8 (0.004 9)
L. *Open*		1.173 0 (0.946 0)		2.438 6** (1.184 4)
L. *Fin*		−0.165 0 (0.105 0)		−0.133 4 (0.095 4)
L. *New*		1.602 0*** (0.275 0)		1.209 1*** (0.211 8)
Wald 检验	1 924.87	4 960.52	5 492.12	6 250.73
P 值	0.000	0.000	0.000	0.000
AR (1)	0.013	0.015	0.01	0.006
AR (2)	0.710	0.565	0.131	0.132
Sargan 值	0.610	0.201	0.248	0.162

说明：***、** 和 * 分别表示 1%、5%和 10%的显著性水平，括号中的数字为稳健标准误。变量名前的 L 表示该变量的滞后 1 期。Wald 检验统计量和 *P* 值表示回归系数联合显著性，AR（1）和 AR（2）分别为一阶和二阶自回归结果，Sargan 值是过度识别约束检验。

综上所述，货币政策对企业风险承担的影响会进一步拓展到企业层面和国家层面，其经济后果不仅揭示了对公司价值增长的作用，同时也为推动经济长期增长并达到更高层次的发展水平提供了新思路。基于这一视角，了解外部货币政策对企业风险承担决策的影响，不仅有助于确定政策变化并改善金融资源配置或经济福利，还可以为政府决策和实体经济发展提供重要借鉴意义。所以，探讨货币政策对企业风险承担的影响机制，既具有实际意义又具有研究价值。

3.3.2 银行中介视角下的货币政策与企业风险承担初探

总的来看，虽然现阶段已有文献已研究发现中国“货币政策企业风险承担渠道”的存在，且我们通过 3.1 部分也已证实了研究货币政策对企业风险承影响的价值意义，但现有文献却忽视了货币政策是如何影响企业风险承担的。众所周知，货币政策要想作用于实体企业，既可以通过直接效应，如对微观主体的预期产生变化而影响企业行为决策，又可以通过间接效应，如调整信贷资金供给影响企业融资环境而改变企业行为决策。我国由于金融市场不完全，形成了以银行主导型金融体系为主的金融系统，货币政策在通过金融体系传导至实体企业时，常以银行信贷总量调控为主，通过信贷渠道将资源在异质性企业间错配，导致了实体经济的产出非有效与不稳定。随着国内金融创新与经济发展的需求不断增加，市场经济体系逐步完善，处于转轨时期的中国也正经历典型的转轨结构改革——利率市场化（战明华 等，2015），这意味着中国货币政策的有效性因政策工具的变动和传导机制的改变而受到影响。Zhang（2009）、Feyzioglu 等（2009）也指出，在 2004 年至今的市场化改革中，“数量型”工具的操作性逐步减弱，“价格型”货币政策的传导效率逐步提高。那么，基于我国银行主导型金融体系背景，货币政策是否可以通过银行部门影响企业的风险承担呢？是否又将通过影响银行部门的何种决策进而改变企业风险承担水平呢？接下来，我们将对此进行初步分析。

企业的风险承担行为，决定了企业选择何种风险项目进行投资，而投资经营需要大量资金，除去自有资金之外，企业还需从外部融资。由于我国金融市场发展的不完全，银行贷款融资成了企业主要融资方式。银行向企业发放贷款时，一方面可通过在贷款合约内加入限制条款，对企业流动资产比、有形资产净值存量、股息支付等进行约束，对违反该限制条款的企业予以相应处罚，如资产清算及企业控制权转移（Chava et al.，2008），使企业外部融资溢价显著；另一方面银行还可直接控制企业授信规模，从而约束企业行为。刘阳等

（2015）、罗荣华等（2014）通过我国银行贷款公告的股价反应，检验了贷款决策对上市企业的作用，发现银行对企业具有提供信贷支持的作用，该结论与国外学者 Bailey 等（2011）的研究一致。而 Coleman 等（2006）、胡奕明等（2008）、江曙霞和陈玉婵（2012）研究发现，银行通过贷款决策对企业进行持续监督，可改变企业的决策行为。鉴于此，本节从货币政策工具存贷款基准利率和准备金率出发，选择对关联度最高的银行贷款决策变量、贷款规模和贷款利率进行考察，初步分析各变量间的趋势走向。

图 3.2 反映了货币政策、银行贷款决策和企业风险承担三者间的时间走势。为了避免各变量值差距太大而影响直观判断，我们对此进行了处理，但不影响根本结果。其中，新增人民币贷款占比=（当年新增人民币贷款/社会融资总规模）/10；企业风险承担平均值=年度内各企业风险承担的平均值×100；一年期贷款基准利率、一年期存款基准利率、准备金率和贷款利率的单位为%，而贷款利率是先根据每家企业每笔贷款加权计算得出企业年均加权贷款利率，再在此基础之上从企业层面计算年度贷款利率的平均值。由于贷款利率数据从 2007 年开始获得，企业风险承担水平以 3 年为滚动期计算，因此本节数据走势分析的实际时间范围为 2007—2013 年。从图 3.2 可知：首先，一年期贷款基准利率和贷款利率走势几乎重合，这是因为我国贷款利率管制的全面放开从 2013 年 7 月 20 日始，在此之前，我国贷款利率定价则按照贷款基准利率适当上（下）浮动一定比例；其次，一年期存款基准利率、准备金率和一年期贷款基准利率走势一致，这是因为货币当局货币政策工具操作的同步性；再次，从新增人民币贷款占比的走势来看，其整体上与准备金率走势相反，当准备金率上升时，意味着货币当局实施紧缩性货币政策，银行等金融机构可贷资金规模缩减，因此新增人民币贷款占比随之下降；最后，就企业风险承担水平而言，虽然企业风险承担平均值走势较平稳，但观察其数值，可知企业风险承担均值整体上与货币政策工具走势反向。

所以，总体而言，货币政策工具与银行贷款利率决策走向一致，而货币政策工具与银行贷款规模决策和企业风险承担则走向相反。那么，为什么货币政策会导致企业风险承担反向变动呢？货币政策又是如何影响企业风险承担的呢？鉴于此，本书将在接下来的章节利用更加严谨和科学的研究范式，通过理论模型和计量方法来考察货币政策影响企业风险承担的作用机制。

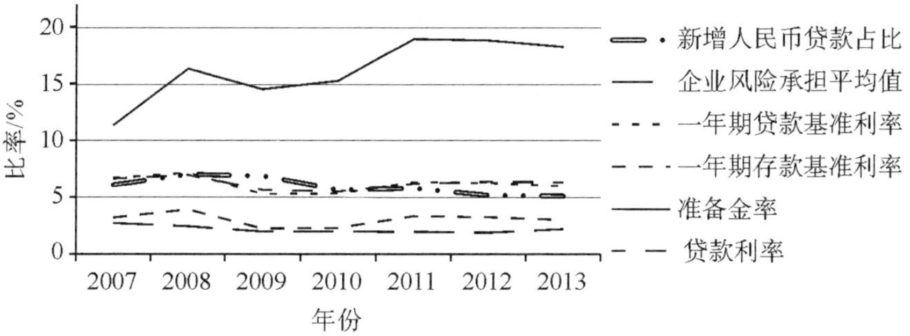

图 3.2　货币政策、银行贷款决策与企业风险承担时间走势图

3.4　本章小结

本章首先通过梳理改革开放以来中国货币政策框架转型的历程，结合中国现行转型期经济结构背景，对转型期的中国货币政策从“数量型”向“价格型”转型、从“促进经济”向兼顾“金融稳定”转型的事实给予简要评价。其次，在估计和分析中国企业风险承担的基础上，从企业层面、国家层面分别考察了研究货币政策与企业风险承担的经济价值和实际意义。最后，结合中国银行主导型金融体系背景，初步分析了中国货币政策、银行部门贷款决策和企业风险承担的内在联系。主要结论为：①中国货币政策通过影响企业风险承担行为，对企业价值和经济增长皆有促进作用，探讨货币政策与企业风险承担的内在联系具有重要意义；②货币政策与银行贷款利率决策走向一致，而货币政策与银行贷款规模决策和企业风险承担则走向背离。这说明中国货币政策可以通过银行部门贷款决策影响企业行为。本章研究内容为后续深入探讨货币政策与企业风险承担的影响机制进行了必要铺垫，并加深了我们对拟研究问题的直观了解。

4 基于银行监督视角：货币政策对企业风险承担的影响

货币政策需要对实体经济产生影响，在我国银行主导型金融体系模式下，主要通过金融中介部门作用于实体经济（伍戈 等，2016）。通过第三章的初步分析，我们已初步了解了货币政策、银行贷款决策和企业风险承担的直观联系。那么，在银行以间接融资为主的背景下，企业和银行是什么关系？银行如何对企业的风险承担决策施加约束？货币政策又是如何通过影响银行部门决策进而改变企业风险承担行为的？我们将对此建立理论模型并进行经验考察。首先，针对银企关系，本章需要厘清银行中介在货币政策对企业风险承担传导中扮演的角色。其次，根据转型期特征，选择合适的货币政策工具。最后，对货币政策、银行行为和企业风险承担行为建立统一的理论框架并进行经验考察。

4.1 银行中介的作用

20 世纪 70 年代以来信息经济学的发展，为理解信贷市场信息不完全对货币政策传导的影响提出了一个新的研究视角——货币政策的非新古典渠道，即强调信息不完全对银行贷款投放数量的影响。非新古典渠道主要分为银行渠道（bank-based channels）和资产负债表渠道（balance sheet channel）两类（Boivin et al.，2011）。本书不同于以往传统文献从强调银行与企业的事前行为关系出发，着重分析供给端银行对企业信贷资金的配给，着重探讨货币政策通过银行部门对企业风险承担产生的影响，从企业风险承担的本质出发，强调企业在投资决策时对那些预期收益和预期现金流充满不确定性的投资项目的主动选择，研究焦点转变为银企关系的事后行为，所以现有货币政策的银行渠道和资产负债表渠道皆不适合。

2008 年之后，Borio 和 Zhu（2012）提出的货币政策风险承担渠道是一种研究意义上的新颖的货币政策传导机制（Adrian et al.，2009），其最早起源于银行部门的风险承担研究，强调基准利率的外生变化主要通过估值效应、追逐收益效应、习惯形成效应和央行沟通效应这四种银行风险承担渠道对银行部门风险承受能力产生影响，从而引发银行部门风险承担意愿的改变（Borio et al.，2012；Gaggl et al.，2011；张雪兰 等，2012）。但相较于金融中介，企业部门不经营货币信贷业务，其作为实体经济主要参与者，更多从事生产、贸易等经济活动，加之我国的基准利率并非诸如联邦基金利率之类的市场化利率，而是以存贷款基准利率为主的基准利率（马骏 等，2016），所以上述四种银行风险承担渠道对于我国企业的风险承担也皆有其不适用性。那么，在仍以银行为主的融资模式下，银行和企业的关系如何？银行中介又是扮演何种角色呢？

4.1.1 银行中介的监督作用

金融中介理论指出，为减少借款人与贷款人之间信息不对称的问题，金融中介的主要任务即为代替贷款人对借款人实施监督。Diamond（1984）认为，银行之所以能实施代理监督功能，是因为银行能够以更低成本甄别和获取私人信息，因而可以更有效地对借款人的信息不对称问题进行监控。在我国银行主导体制下，企业融资对银行具有强依赖性，货币政策（如基准利率的改变）最直接的影响便是对微观主体的债务融资成本产生冲击。Walsh（2010）描述了利率改变所导致的企业风险投资问题。假设有两类不同风险项目可供借款者选择，当银行贷款利率提高至超过两个项目预期回报相等时的贷款利率 r^* 时，在不存在贷款者监督的情形下，借款者会增大投资高风险项目的倾向，以获取高期望收益。所以，在理论上，货币政策基准利率的改变与企业融资溢价存在显著的正相关（姚余栋 等，2013），会导致企业冒险性动机增强，追求高风险、高收益项目（马文超，2015）。然而，信贷市场银企间信息不对称的存在，意味着若银行要想识别企业的真正投资效益，并保证自身资产的安全，则需在事后对借款人实际运营状况进行跟踪、监控，甚至还可以向借款人派驻监事。由于银行监督企业需付出监督成本，只有当有利可图时银行才会选择监督企业（Bougheas et al.，2006），因此银行在预知融资成本效应会激励企业产生冒险行为的前提下，将根据自身利润最大化原则行事。银行会通过事前分析企业财务状况、预估企业违约损失而改变相应的贷款决策，诸如贷款期限、贷款利率、保证方式、贷款规模等（Cerqueiro et al.，2016；胡奕明 等，2008；沈红波 等，2013），且通过在贷款合约内加入限制条款，对企业流动资产比、有形资产净值存量、股息支付等进行约束。因此，当货币政策发生改变时，银行为保证贷款收回的可得性，可通过重新改变贷款决策，调整从每笔贷款中所获的利润（陈雨露 等，2006），从而在事后视情况调整监督活动的频率（Cerqueiro et. al，2016）和监督的努力程度，以帮助企业提高经营业绩（江曙霞 等，2012；Allen et al.，2011），并对事后未达到限制条款的企业采取相应处罚（Chava et al.，2008）。所以，诸如 Cerqueiro 等（2016）、胡奕明等（2008）学者皆认同银行中介具有监督作用。

那么，在实践中，银行通过贷款决策能对企业发挥监督作用吗？胡奕明等（2008）、沈红波等（2013）认为，若商业银行具有监督作用，就可以在贷款决策与企业经营业绩、代理成本等方面观察到合理的相关关系。Boot 和 Thakor（1994）通过理论模型证明了贷款利率、保证方式等贷款政策皆与借款人经营状况的密切关系。胡奕明和谢诗蕾（2005）、孙会霞等（2013）利用我国上市公司财务附注数据实证表明，当借款人经营不力时，银行会选择通过提高贷款利率等贷款决策方式来传递债权人压力，重新进行风险定价，以体现出监督作用。孙亮和柳建华（2011）也通过银行贷款成本与企业财务绩效关系揭示了银行监督作用的存在。

4.1.2 银行中介的融资作用

经典理论的运用总是以某些假定为基础。由于现有经典理论均起源于西方国家，而中国的发展具有其特殊的典型特征，因此作为发展中国家的中国在运用传统经典理论时，还需结合中国特殊的经济结构特征，如尚未完全的金融市场、投资者和债权人保护制度、信息披露制度等。企业获得银行贷款，意味着企业业绩良好，能成功获得银行认证（Diamond，1991），因此，从理论上而言，间接融资的获得会使公司价值增加、股价上涨。国外市场的众多检验也支持了这一结论（James，1987；Best et al.，1993）。然而，刘阳等（2015）学者认为，中国市场普遍存在内部人控制和大股东权力滥用等情况，加之信息披露制度的不完全，所以银行等金融中介未必能真正发挥其监督作用。那么，对中国市场的检验是否如此？刘阳等（2015）、罗荣华等（2014）学者根据我国银行贷款公告的股价反应，检验了银行是否对上市企业具有监督作用，研究结论与 Bailey 等（2011）的一致，公司市场价值呈显著下降趋势，这说明中国企业获得银行信贷更多体现的是银行的融资作用而非监督作用。其原因有以下四方面：第一，银行目标的错位。在以国有银行为主导的银行体系中，银行具有稳定市场信心的政治目标（Bailey et al.，2011），所以在国有银行占据银行间市场主要份额的环境下，曾出现银行监督缺失的现象（叶康涛 等，2009）。银行发放贷款向企业提供再融资机会，保障企业债务以旧换新，以稳定市场、就业等宏观经济形势。第二，公司治理方面的不足。如大股东侵占小股东的利益、严重的内部人控制和道德风险等问题使得银行难以实施监督功能（Huang et al.，2012）。第三，所有权性质的差异。由于国有企业承担了社会责任，其若破产则社会成本较大，如将责任转嫁于政府，将进一步增大企业自身的道德风险，所以银行的作用可能更多地体现为融资。第四，法律制度的不完全。缺乏完善的投资者保护、债权人保护、市场退出、破产清算等制度，导致市场上存留了大量亏损企业，弱化了监督的实施。

综上所述，货币政策在通过银行部门传导的过程中，银行部门具有监督和融资的双重作用，银行发挥其金融中介作用，将进一步改变货币政策冲击对企业风险承担产生的影响。鉴于现有学者（胡育蓉 等，2014；林朝颖 等，2015）已证实货币政策对企业风险承担的影响是反向作用（两者间存在负向关联），所以，接下来本书将基于银行中介的监督功能视角，对此展开详细的探讨和验证。

4.2 货币政策工具的选择

在1998年取消贷款规模限制之前，我国对信贷规模进行控制，货币政策的传导主要从央行到各金融机构再到企业部门，再贷款成为主要货币政策工具。直到1998年，货币政策转向间接调控，中国人民银行开始调控货币供应量，并综合运用存款准备金、公开市场操作等方式。随着金融改革的不断深化，利率市场化成为必然发展趋势，其对完善我国利率体系，推动金融体制改革、经济结构优化等均具有重要的现实意义。那么，在本书的研究框架下，我们应该选择何种货币政策工具，“数量型”还是“价格型”？而一直以来，直到2015年利率市场化改革基本完成之前，我国利率一直是“双轨制”并存的，即管制利率和市场利率并存的，针对这种情况，又该选择何种“价格型”货币政策工具呢？本节将对上述两个问题分别进行详细阐述。

4.2.1 “数量型”工具vs“价格型”工具

在过去十多年里，金融体系的显著变化很大程度上反过来影响了货币政策的传导效率，“价格型”货币政策工具的有效性在逐步增强（伍戈 等，2016）。央行货币政策工具分为“数量型”和“价格型”两类。从理论上讲，这两类不同的工具在理解和分析货币问题时，会产生两套基本框架：一套基于数量，核心论点是研究货币的供给与需求问题，关注货币“从哪里来”和“到哪里去”，以货币主义等为代表，准备金、基础货币、货币乘数、广义货币总量等是其核心概念；另一套则基于价格，核心是讨论利率及其传导，基准利率、期限结构、预期管理等是其核心概念。由于不同的理论框架会对不同的货币政策工具进行不同的解释，所以“数量型”货币政策工具和“价格型”货币政策工具对企业风险承担产生影响的传导机制也不同。那么，在本书的研究框架下，当前处于货币政策转型阶段的中国应该选择哪类政策工具，成为我们的研究重点。

有关“数量型”还是“价格型”的选择可追溯至1970年Poole的研究。在Poole看来，“数量型”和“价格型”的选择源自对冲击的识别：若经济的不确定主要源自货币领域，则应该选择“价格型”工具；若经济的不确定主要源自实物领域，则应该选择“数量型”工具。伍戈和李斌（2016）运用国内的数据对Poole模型进行了实证检验。研究显示，以利率作为中介目标所导致的产出波动将高于以货币作为中介目标时的产出波动，但随着金融市场的不断发展，“数量型”调控的优越性在逐渐下降，而“价格型”调控的优越性却在逐渐上升。近年来，随着金融创新的不断发展，“数量型”货币政策工具的操作目标、中介目标和最终政策目标的相关性在减弱，同时由于货币需求的不稳定，传导机制的畅通性也在降低，所以“数量型”货币政策工具的有效性随之下降。Koivu（2009）、Feyzioglu等（2009）也通过研究发现，随着中国市场经济体制的不断完善，在过去十多年里，金融体系的显著变化在很大程度上也反过来影响了货币政策工具的选择，“数量型”货币政策工具的操作性正逐步降低，而“价格型”货币政策工具的作用却在不断增强，这尤其体现在2008年全球金融危机以来，利率市场化改革的进一步深化。“十三五”规划中也明确提出我国宏观经济调控体系改革的一项重要内容即是货币政策从“数量型”向“价格型”的转型。马文涛（2011）对此，基于货币政策冲击效应、非政策冲击下宏观经济波动幅度和中央银行损失函数三个视角进行了比较，发现“价格型”工具的调控绩效优于“数量型”工具。项卫星和李宏瑾（2012）、王君斌等（2013）也通过构建SVAR和DSGE模型，得出了与马文涛（2011）一致的结论。

鉴于此转型期背景，我们从本书的研究内容出发，由于本章拟探讨货币政策如何通过银行部门的调控影响企业风险承担，所以研究“数量型”工具选择与银行贷款关联度高的法定存款准备金率，而研究“价格型”工具选择与企业融资最为紧密的贷款基准利率。马骏和纪敏（2016）分别考察了在中国，以央行贷款基准利率和短期市场利率作为基准利率时，两种基准利率对银行贷款利率的传导效率。相较于美国基准利率对银行贷款利率0.8的传导效率，中国央行贷款基准利率和短期市场利率对银行贷款利率的传导效率分别为0.85~0.9和0.16~0.17。由此可见，在当前中国的银行主导型金融体系背景下，银行贷款决策和企业融资主要是受央行贷款基准利率的影响。此外，张一林和樊纲治（2016）关于银行贷款决策的研究也显示，当银行向企业提供信贷支持时，因面临不确定的企业价值，银行会通过贷款利率定价权来衡量贷款收益与风险，并决定是否放贷、抽贷或续贷，所以影响企业贷款融资决策的利率主要源自银行贷款利率。因此，本书根据上述研究结果，选定与银行贷款利率关联度较高的一年期贷款基准利率进行研究。根据 Delis 和 Kouretas（2011）、李文贵和余明桂（2012）以及张三保和张志学（2012）的研究设计，本书采用以下基准模型进行检验：

$$Risk_{it} = \alpha_0 + \alpha_1 MP_t + \alpha_2 State_{it} + \alpha_3 Age_{it} + \alpha_4 Leverage_{it-1} + \alpha_5 Rpt_{it-1} + \alpha_6 Recua_{it-1} + \alpha_7 Z_{it-1} + \alpha_8 Percash_{it-1} + \alpha_9 Size_{it-1} + \alpha_{10} Tangible_{it-1} + \alpha_{11} Gsales_{it-1} + \alpha_{12} Roe_{it-1} + \alpha_{13} Fs_{it-1} + \alpha_{14} Macrisk_t + Industrydummy + Yeardummy + \varepsilon_{it} \quad (4.1)$$

其中，被解释变量 *Risk* 为经行业调整后的 *Roa* 三年期滚动标准差。*MP* 是货币政策变量，分别选用加权贷款基准利率和准备金率，根据央行每次调整按期加权计算。企业的风险水平由企业本身意愿选择承担的项目风险和企业经理人潜在隐藏行动的道德风险所组成。由于本书研究的企业风险承担是指企业意愿投资的项目本身所具有的风险属性，因此我们根据刘阳等（2015）对企业潜在隐藏行动的道德风险加以控制，用了两个不同的指标来进行量化：大股东占款程度（*Recua*）及关联交易占比（*Rpt*）。此外，企业有效的风险承担，还取决于企业融资能力的强弱及其相关制度安排的效率（沈红波 等，2010）。Myers 和 Majluf（1984）从现实中不完美市场出发，指出因信息不对称的存在，企业外部融资溢价显著。企业信用评级越高，信息相对越透明，越有利于企业缩小内外部融资差距。基于李科和徐龙炳（2011）、张玲和曾维火（2004）的研究成果，本书采用修正后的 Altman 的 *Z* 值①作为企业信用评级的量化指标，控制上市企业的信用风险。根据已有文献的研究（Faccio et al.，2011；John et al.，2008；李文贵 等，2012；伍中信 等，2013；张太原 等，2007），本书还分别

① $Z=-8.751+6.3\times roa+0.761\times percashflow+1.295\times logfixasset+0.412\times migrowth+0.015\times rearning+0.105\times outstanding-21.164\times stockratio$。*Z* 越大，信用越好。migrowth 是主营业务收入增长率，rearning 是留存利率比率，outstanding 是流通股市值负债比，stockratio 是股本账面值/股本市值。

从企业特征和风险实现两个维度加以控制。企业层面包括企业年龄（*Age*）、所有权性质（*State*）、企业成长性（*Gsales*）、企业杠杆率（*Leverage*）、有形资产比率（*Tangible*）①、企业经营现金流（*Percash*）、企业规模（*Size*）、股权集中度（*Fs*）及权益报酬率（*Roe*）。宏观风险（*Macrisk*）以1978年不变价计算的GDP增长率标准差$\sigma(Adjusted\ Real\ GDP_n)$（Acharya et al.，2011）作为控制变量（见表4.1）。为了控制可能产生的内生性问题，本书将企业层面所有财务特征变量滞后1期。回归结果见表4.2。

表4.1 货币政策与企业风险承担模型变量定义

变量名	变量的具体构造
Risk	企业风险承担，即$\sigma(ROA)$
Rate（贷款基准利率）	一年期加权贷款基准利率
Reserve（准备金率）	大、中、小型金融机构准备金率均值
State	虚拟变量，国有=1，否则为0
Age	企业年龄的自然对数
Leverage	上年年末企业总负债/总资产
Rpt（关联交易占比）	上一年关联交易总额/上年总资产
Recua（大股东占款）	上年年末其他应收款/上年流动资产
Z（*Z*值）	上年年末修正后Altman的*Z*值
Percash（企业经营现金流）	上年年末每股经营现金流
Size	上年年末总资产的自然对数
Tangible	上年年末（资产总额-无形资产净值）/总资产
Gsales	上年年末（当前营业收入-前期营业收入）/前期营业收入
Roe	上一年净利润/股东权益平均余额
Fs	上年年末企业第一大股东持股比例
Macrisk	实际GDP季度增长率的波动，1978=100

① 无形资产净值=无形资产+商誉+投资性房地产。

表 4.2 “数量型”货币政策与“价格型”货币政策的选择

变量名	企业风险承担
Rate	-1.060 0*** (0.409 0)
Reserve	-0.017 6 (0.040 3)
State	-0.013 9** (0.006 6)
Age	-0.002 6 (0.009 7)
Leverage	0.023 6** (0.010 2)
Rpt	0.001 6 (0.001 0)
Recua	-0.006 6 (0.011 2)
Z	-0.000 4 (0.000 4)
Percash	0.000 6 (0.000 5)
Size	-0.007 2*** (0.002 5)
Tangible	0.001 1 (0.008 6)
Gsales	-0.001 4 (0.000 9)
Roe	0.008 9 (0.010 5)
Fs	0.010 6 (0.008 1)
Macrisk	0.273 0** (0.128 0)
Constant	0.252 0*** (0.075 3)
Year & Industry	YES

表4.2(续)

变量名	企业风险承担
Observations	3 607
Adj. R^2	0.041
Number of Stkcd	1 032

注：固定效应回归结果在企业层面进行了聚类调整，括号中的数字为稳健标准误。＊＊＊、＊＊分别表示1%、5%的显著性水平。

表4.2显示了使用存款准备金率和一年期贷款基准利率的回归结果。根据胡育蓉等（2014）、林朝颖等（2015）的研究，已证实无论使用“数量型”还是“价格型”货币政策工具，结果皆一致表明宽松的货币政策会导致企业增大风险承担，紧缩的货币政策将降低企业风险承担。鉴于此，本书直接对“数量型”和“价格型”货币政策工具同时回归，结果如表4.2所示，当同时使用存款准备金率和贷款基准利率时，此时贷款基准利率每向上调整1%，企业的风险承担水平在1%的水平上显著下降1.060 0%，而存款准备金率对企业的风险承担则不存在显著影响。这说明，货币政策对企业风险承担的影响主要源自贷款基准利率的变动。该结论表明，在本书研究背景之下，有关货币政策与企业风险承担的影响研究以“价格型”货币政策为主导。我们认为，这可能是因为企业的风险承担意味着企业选择投资何种风险项目，虽然存款准备金率的改变会影响企业的信贷可得性，但相较之下，融资成本的改变直接作用于企业的资产负债表，改变企业的风险承受能力，而信贷可得性的改变只是间接限制了企业的投资规模总量。所以，“价格型”货币政策工具相较于“数量型”货币政策工具表现出了更强的直接影响力。那么，随着金融创新的不断发展，“数量型”工具与经济最终目标之间的相关性日趋减弱，同时“数量型”的可控性、可测性也日益下降，此时，转向“价格型”调控模式成为发展趋势。然而，众所周知，我国的利率一直以“双轨制”并行，即管制利率和市场利率并存，在这样的背景之下，我们又该选择何种“价格”型货币政策工具呢？接下来我们将对此做进一步分析。

4.2.2 “价格型”工具的选择

4.2.2.1 “价格型”指标的选择

货币政策的有效实施既需要选择合适的货币政策工具，又需要有效的传导机制畅通。在诸如美国、英国等发达市场经济国家，中央银行首先设定基准利率，通过公开市场操作引起货币市场短期利率产生变动，然后以发达的金融市场如债券市场、零售市场等为依托，通过利率期限结构和各市场间的相关性，影响长期利率，并最终影响总需求。但我国在2015年之前，一直处于“双轨制”阶段，许多学者根据我国经济金融运行的实际情况，对泰勒规则在我国的运用进行了大量的实证分析（例如谢平 等，2002）。然而，我国学术界对“基准利率”的选取缺乏广泛共识。在利率尚未完全市场化之前，大量实证研究主要集中于讨论基准利率的选取，研究观点主要分成两大类：一类以银行间同业拆借利率为代表，另一类以存贷款基准利率为代表，这与国外研究针对中央银行利率规则的制定具有显著区别。鉴于此，本书根据我国现实情况，拟选择存贷款基准利率和Shibor共同进行验证。

此外，项卫星和李宏瑾（2010）、姚余栋和谭海鸣（2011）针对我国自2003年以来的公开市场操作进行研究，结果表明我国央票利率已初步满足作为中央银行基准利率特征的条件。之所以央票可作为基准利率，主要源于以下三点原因：第一，央票发行的两种方式（数量招标和价格招标），使央票利率综合反映出“数量型”货币政策和“价格型”货币政策特征。第二，央票发行利率具有可测性、可控性和相关性三大特点。首先，央行通过调整数量招标和价格招标两种模式，可以主动综合调节央票发行利率，可测性较强；其次，央票期限较短，流动性较高，有助于中央银行进行公开市场操作，可控性较强；最后，央票发行利率与最终目标的关联度大于M2等传统中介指标，相关性较强。第三，央票可作为无风险利率的主要组成部分。虽然Shibor在我国作为基准利率的作用正逐渐增强，但货币市场利率的本质仍然属于信用交易，因此需要以无风险收益率作为定价基准。央票既具有无风险、高流动性特点，又拥有政府的信用担保，因此，央票利率可以构成无风险收益率曲线不可或缺的短期利率部分（姚余栋 等，2011）。所以，我们在存贷款基准利率、Shibor利率的选择基础上，再考虑央票利率。

4.2.2.2 “价格型”指标的传导效应

如何选择本书研究拟采用的“价格型”货币政策工具？我们接下来从利率政策的传导效应出发进行研究。由于本书研究内容是探讨货币政策通过银行中介的传导对企业风险承担产生的影响，鉴于此，零售市场利率的选择我们根据马骏和纪敏（2016）的研究选择银行贷款利率（*Loanrate*）。基于本书企业风险投资决策的研究目的，我们根据上市公司年报附注中所披露的长期借款信息，将人工收集的12 593笔贷款利率数据，按照企业、年度分别计算各样本企业i的t年n笔长期借款加权平均利率，共计得全样本922家企业2 500笔贷款加权利率数据。由于上市公司向银行贷款数据中，贷款期限的样本年限均值为 3.83，因此本书在货币政策工具的选择上选用三至五年期年度加权贷款基准利率（*Five*）、三年期存款基准利率（*Deposit*）、一年期 Shibor 利率（*Shibor*）和三年期央票利率（*Yangp*）。在前述企业风险承担样本区间选择的基础之上，考虑到 Shibor 从 2007 年开始实行，本书研究样本区间为 2007—2013 年。

图 4.1 描述了各"价格型"货币政策工具在样本区间内的走势。大致来看，各"价格型"货币政策工具走势一致，呈现出波动上升趋势。在 2008 年全球金融危机期间，利率均有所下降，直到危机后 2010 年始，利率重新上升。2013 年，贷款基准利率下限的完全放开进一步导致了短期内利率加速下降。

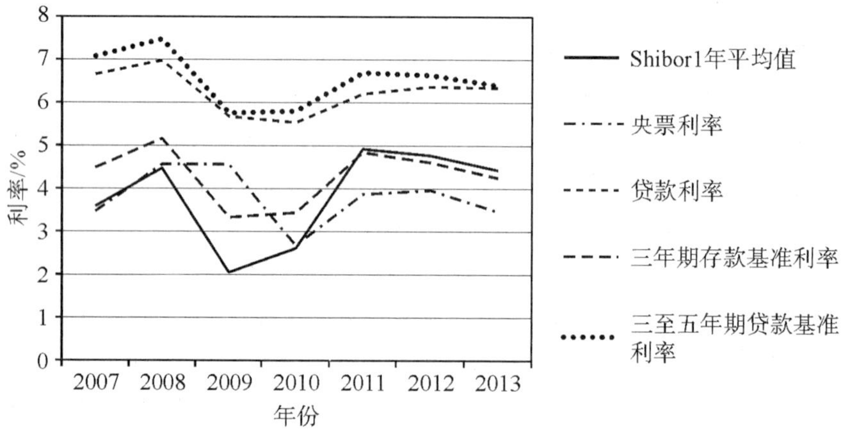

图 4.1　各利率变量趋势图

表 4.3 和表 4.4 统计了各利率变量的相关系数。由于贷款利率（*Loanrate*）是按照企业、年度计算的加权贷款利率，而其余"价格型"货币政策为时间序列变量，因此，本书根据贷款利率（*Loanrate*）分别统计了按企业层面、国家层面计算的相关系数矩阵，即表 4.4 中贷款利率（*Loanrate*）是通过将贷款利率（*Loanrate*）在企业层面取年度均值方式进行的相关性检验。总体而言，表 4.3、表 4.4 结果一致，除三年期央票利率和一年期 Shibor 间不存在显著相关性，其余各利率变量间皆具有显著的正相关性。首先，存贷款基准利率之间表现出强相关性，相关系数达 0.92；其次，存贷款基准利率与市场利率 Shibor 之间也具有显著正相关性，相关系数分别为 0.87 和 0.68；再次，存贷款基准利率与三年期央票利率相关性相对较低，相关系数分别为 0.38 和 0.30；最后，从基准利率到贷款利率的传导效应来看，各基准利率与贷款利率均表现出正相关性。在企业层面的统计结果下，除央票利率的相关性只有 0.07，其余各基准利率均有 0.2~0.3 的传导效应。按照国家层面的计算方式来看，基准利率

的传导效应最高可达 0.91，其中贷款基准利率表现出最强的传导性。

表 4.3　各利率变量相关系数（企业层面）

变量名	*Loanrate*	*Five*	*Deposit*	*Yangp*	*Shibor*
Loanrate	1.000 0 (0.000 0)	0.243 0*** (0.000 0)	0.199 5*** (0.000 0)	0.036 8* (0.065 9)	0.109 6*** (0.000 0)
Five	0.284 3*** (0.000 0)	1.000 0 (0.000 0)	0.915 4*** (0.000 0)	0.296 7*** (0.000 0)	0.675 1*** (0.000 0)
Deposit	0.245 3*** (0.000 0)	0.913 0*** (0.000 0)	1.000 0 (0.000 0)	0.381 4*** (0.000 0)	0.869 7*** (0.000 0)
Yangp	0.071 4*** (0.000 4)	0.287 7*** (0.000 0)	0.257 2*** (0.000 0)	1.000 (0.000 0)	0.234 5*** (0.000 0)
Shibor	0.201 1*** (0.000 0)	0.666 1*** (0.000 0)	0.879 5*** (0.000 0)	0.009 1 (0.650 3)	1.000 0 (0.000 0)

注：＊＊＊、＊分别表示 1%、10%显著性水平。

表 4.4　各利率变量相关系数（国家层面）

变量名	*Loanrate*	*Five*	*Deposit*	*Yangp*	*Shibor*
Loanrate	1.000 0 (0.000 0)	0.484 6*** (0.000 0)	0.358 0*** (0.000 0)	0.286 4*** (0.065 9)	0.111 5*** (0.000 0)
Five	0.913 8*** (0.000 0)	1.000 0 (0.000 0)	0.915 4*** (0.000 0)	0.296 7*** (0.000 0)	0.675 1*** (0.000 0)
Deposit	0.788 4*** (0.000 0)	0.913 0*** (0.000 0)	1.000 0 (0.000 0)	0.381 4*** (0.000 0)	0.869 7*** (0.000 0)
Yangp	0.229 5*** (0.000 4)	0.282 7*** (0.000 0)	0.257 2*** (0.000 0)	1.000 (0.000 0)	0.234 5*** (0.000 0)
Shibor	0.646 6*** (0.000 0)	0.666 1*** (0.000 0)	0.879 5*** (0.000 0)	0.009 1 (0.650 3)	1.000 0 (0.000 0)

注：＊＊＊表示 1%的显著性水平。

由于相关系数矩阵是在未控制其他相关因素视角下的简单检验，为验证贷款基准利率是否可作为向贷款利率传导的最佳货币政策工具，接下来我们将按照马骏和纪敏（2016）的方式，通过固定效应模型对各“价格型”货币政策工具的传导效率进行逐步回归。

$$Loanrate_{it} = \alpha_0 + \alpha_1 Irate_t + \alpha_2 State_{it} + \alpha_3 Age_{it} + \alpha_4 Leverage_{it-1} + \alpha_5 Z_{it-1} +$$
$$\alpha_6 Percash_{it-1} + \alpha_7 Size_{it-1} + \alpha_8 Tangible_{it-1} + \alpha_9 Gsales_{it-1} +$$

$$\alpha_{10}Roe_{it-1} + \alpha_{11}Fs_{it-1} + \alpha_{12}Fstructure_t + \alpha_{13}Creditg_t + \alpha_{14}Sociag_t + Industrydummy + Yeardummy + \varepsilon_{it} \quad (4.2)$$

$$Loanrate_{it} = \alpha_0 + \alpha_1 Irate_t + \alpha_2 Five_t + \alpha_3 State_{it} + \alpha_4 Age_{it} + \alpha_5 Leverage_{it-2} + \alpha_6 Z_{it-1} + \alpha_7 Percash_{it-1} + \alpha_8 Size_{it-1} + \alpha_9 Tangible_{it-1} + \alpha_{10}Gsales_{it-1} + \alpha_{11}Roe_{it-1} + \alpha_{12}Fs_{it-1} + \alpha_{13}Fstructure_t + \alpha_{14}Creditg_t + \alpha_{15}Sociag_t + Industrydummy + Yeardummy + \varepsilon_{it} \quad (4.3)$$

其中，*Irate* 是各“价格型”工具，包括三至五年期贷款基准利率、三年期存款基准利率、三年期央票发行利率和一年期 *Shibor*。控制变量方面，分为两类：一类控制企业层面，与表 4.1 相同，但由于此处暂不讨论企业风险承担，所以不包括大股东占款程度（*Recua*）及关联交易占比（*Rpt*）；另一类控制宏观层面，包括融资结构（*Fstructure*）、贷款增长率（*Creditg*）和社会融资增长率（*Sociag*）（见表 4.5），为了控制可能产生的内生性问题，本书将企业层面所有财务特征变量滞后一期，回归结果见表 4.6 和 4.7。

表 4.5　利率传导回归模型变量定义

变量名	变量定义
Five	三至五年期加权贷款基准利率
Deposit	三年期加权存款基准利率
Yangp	三年期央票发行加权利率
Shibor	一年期银行间市场拆借利率
State	虚拟变量，国有=1，否则为 0
Age	企业年龄的自然对数
Leverage	上年年末企业总负债/总资产
Z	上年年末修正后 Altman 的 *Z* 值
Percash	上年年末每股经营现金流
Size	上年年末总资产的自然对数
Tangible	上年年末（资产总额-无形资产净值）/总资产
Gsales	上年年末（当期营业收入-前期营业收入）/前期营业收入
Roe	上一年净利润/股东权益平均余额
Fs	上年年末企业第一大股东持股比例
Fstructure	（企业债券融资+股票融资）/社会融资总规模

表4.5(续)

变量名	变量定义
Creditg	（贷款规模/社会融资总规模）的同比增长率
Sociag	社会融资总规模的年度增长率

表 4.6 “价格型”工具传导效应

变量名	(1)	(2)	(3)	(4)
	Loanrate	*Loanrate*	*Loanrate*	*Loanrate*
Five	0.711*** (0.100)			
Deposit		0.590*** (0.083 3)		
Yangp			0.596*** (0.084 1)	
Shibor				0.544*** (0.076 9)
State	−0.001 8 (0.001 3)	−0.001 8 (0.001 3)	−0.001 8 (0.001 3)	−0.001 8 (0.001 3)
Age	−0.001 0 (0.006 6)	−0.001 0 (0.006 6)	−0.001 0 (0.006 6)	−0.001 0 (0.006 6)
Leverage	0.009 2*** (0.003 2)	0.009 2*** (0.003 2)	0.009 2*** (0.003 2)	0.009 2*** (0.003 2)
Z	−0.000 5** (0.000 2)	−0.000 5** (0.000 2)	−0.000 5** (0.000 2)	−0.000 5** (0.000 2)
Percash	0.000 6*** (0.000 2)	0.000 6*** (0.000 2)	0.000 6*** (0.000 2)	0.000 6*** (0.000 2)
Size	−0.000 4 (0.001 2)	−0.000 4 (0.001 2)	−0.000 4 (0.001 2)	−0.000 4 (0.001 2)
Tangible	0.001 5 (0.006 3)	0.001 5 (0.006 3)	0.001 5 (0.006 3)	0.001 5 (0.006 3)
Gsales	0.000 4 (0.000 6)	0.000 4 (0.000 6)	0.000 4 (0.000 6)	0.000 4 (0.000 6)
Roe	−0.001 1 (0.003 3)	−0.001 1 (0.003 3)	−0.001 1 (0.003 3)	−0.001 1 (0.003 3)

表4.6(续)

变量名	(1)	(2)	(3)	(4)
	Loanrate	*Loanrate*	*Loanrate*	*Loanrate*
Fs	0.009 3* (0.004 8)	0.009 3* (0.004 8)	0.009 3* (0.004 8)	0.009 3* (0.004 8)
Fstructure	-0.019 6*** (0.007 2)	-0.040 0*** (0.007 8)	-0.037 8*** (0.007 7)	-0.053 7*** (0.008 7)
Creditgrowth	-0.036 1 (0.034 2)	-0.020 1 (0.036 1)	-0.032 6 (0.034 6)	0.072 5 (0.047 4)
Sociagrwoth	0.007 7*** (0.002 1)	0.015 5*** (0.002 2)	0.008 5*** (0.002 1)	0.019 8*** (0.002 5)
Constant	0.039 5 (0.035 2)	0.061 5* (0.033 1)	0.067 9** (0.032 6)	0.052 1 (0.034 0)
Industry & Year	YES	YES	YES	YES
Observations	2 358	2 358	2 358	2 358
Adj. R^2	0.2	0.2	0.2	0.2
Number of Stkcd	916	916	916	916

注：固定效应回归结果在企业层面进行了聚类调整，括号中的数字为稳健标准误。＊＊＊、＊＊、＊分别表示1%、5%、10%的显著性水平。

表4.6和表4.7分别展示了各利率对贷款利率的传导效率以及在控制贷款基准利率的前提下其余各利率传导效率的比较。从表4.6的结果来看，贷款基准利率对贷款利率的传导效率最强，其次依次为央票发行利率、存款基准利率和Shibor。为了进一步验证贷款基准利率的传导效率是否最强，我们在控制贷款基准利率的前提下，进行了回归（见表4.7）。表4.7的结果显示，相较于表4.6，存款基准利率、央票发行利率和Shibor对贷款利率的传导效率在此情形下变为不显著。由此可见，在本书研究框架下，贷款基准利率可作为向贷款利率传导的最佳货币政策工具。

表4.7　“价格型”工具传导效应比较

变量名	(1)	(2)	(3)
	Loanrate	*Loanrate*	*Loanrate*
Deposit	-0.266 (0.237)		

表4.7(续)

变量名	(1)	(2)	(3)
	Loanrate	*Loanrate*	*Loanrate*
Yangp		-0.200 (0.178)	
Shibor			-0.107 (0.095 3)
Five	1.031*** (0.355)	0.950*** (0.285)	0.851*** (0.202)
State	-0.001 8 (0.001 3)	-0.001 8 (0.001 3)	-0.001 8 (0.001 3)
Age	-0.001 0 (0.006 6)	-0.001 0 (0.006 6)	-0.001 0 (0.006 6)
Leverage	0.009 2*** (0.003 2)	0.009 2*** (0.003 2)	0.009 2*** (0.003 2)
Z	-0.000 5** (0.000 2)	-0.000 5** (0.000 2)	-0.000 5** (0.000 2)
Percash	0.000 6*** (0.000 2)	0.000 6*** (0.000 2)	0.000 6*** (0.000 2)
Size	-0.000 4 (0.001 2)	-0.000 4 (0.001 2)	-0.000 4 (0.001 2)
Tangible	0.001 5 (0.006 3)	0.001 5 (0.006 3)	0.001 5 (0.006 3)
Gsales	0.000 4 (0.000 6)	0.000 4 (0.000 6)	0.000 4 (0.000 6)
Roe	-0.001 1 (0.003 3)	-0.001 1 (0.003 3)	-0.001 1 (0.003 3)
Fs	0.009 3* (0.004 8)	0.009 3* (0.004 8)	0.009 3* (0.004 8)
Fstructure	-0.010 3 (0.008 6)	-0.013 4* (0.007 2)	-0.012 8* (0.007 4)
Creditgrowth	-0.043 3 (0.029 4)	-0.037 3 (0.033 4)	-0.057 5** (0.022 3)
Sociagrwoth	0.004 2 (0.003 1)	0.007 4*** (0.002 0)	0.005 3** (0.002 4)

表4.7(续)

变量名	(1)	(2)	(3)
	Loanrate	*Loanrate*	*Loanrate*
Constant	0.029 5 (0.040 6)	0.029 9 (0.040 4)	0.037 0 (0.036 4)
Industry&Year	YES	YES	YES
Observations	2 358	2 358	2 358
Adj. R^2	0.2	0.2	0.2
Number of Stkcd	916	916	916

注：固定效应回归结果在企业层面进行了聚类调整，括号中的数字为稳健标准误，＊＊＊、＊＊、＊分别表示1%、5%、10%的显著性水平。

4.3 货币政策、银行监督与企业风险承担

2008年金融危机后，重新审视货币政策传导机制已成为宏观审慎监管的重要问题。学术界围绕市场参与者如何衡量风险以及对风险的承担意愿展开了一系列讨论，在此番讨论中，由Borio和Zhu（2012）为代表提出的"货币政策传导机制中的风险承担渠道"（"risk-taking channel" in the transmission mechanism）得到了学术界广泛认可。相较于传统的"金融加速器"（BGG），此渠道强调基准利率的变化所引发的微观主体风险认知或风险承受能力的转变，从而导致了微观主体投资组合中风险资产投资策略及风险承担意愿的改变。本书基于银行主导型金融结构，探讨货币政策对企业风险承担的影响。那么，在本书研究框架下，企业在对银行融资具有强依赖性的情形下，与银行又是什么关系？银行是如何对企业的风险承担决策施加约束的呢？根据4.1中对银行中介作用的分析，我们知道，银行部门在货币政策的传导过程中，具有监督和融资的双重作用，而银行通过发挥其金融中介作用，可以进一步改变货币政策冲击对企业风险承担产生的影响。鉴于前述学者（胡育蓉 等，2014；林朝颖 等，2015）已证实货币政策与企业风险承担之间存在负向关联，所以，接下来的理论模型与实证分析部分，我们将基于银行中介的监督功能视角，对此展开详细的探讨和验证，并阐明货币政策如何通过银行监督影响企业风险承担。

4.3.1 理论模型与基本假设

4.3.1.1 模型设定

1. 基本框架

参考 Acemoglu 和 Zilibotti（1997），周彬蕊等（2017），构建一家代表性银行与一家代表性企业的单期贷款模型：假设企业在期初向银行贷款，用以进行项目投资；银行在收到企业贷款申请后向企业发放贷款，并在投资期间监督企业的经营活动①。我们假设银行和企业均为风险厌恶②。为了更加清晰简洁地进行说明，假定每家银行在同一时段内只能向一家企业发放贷款。

融资时序如图 4.2 所示。

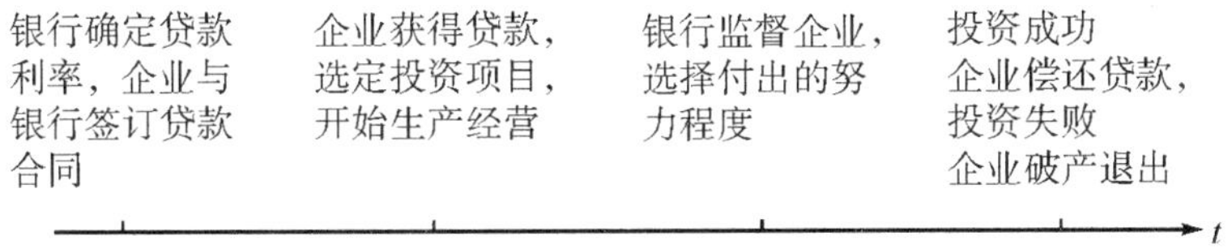

图 4.2 融资时序

在期初，企业首先向银行申请贷款，银行根据对企业投资项目的信息确定贷款利率 r，贷款规模 $L(r)$。企业获得银行贷款后，按照自身收益最大化原则选择最优风险承担水平，决定投资风险项目 A_ρ。由于项目失败概率不同，企业选择不同项目必然面临不同的违约可能性，进而影响银行贷款期望收益，因此，银行除了制订贷款规模与贷款利率外，还需要从自身利润最大化出发选择最优监督程度③以降低企业项目失败概率。在期末，企业投资完成，如果投资最终成功，企业偿还贷款本金与利息，反之若投资失败，企业被清算退出市场。在不影响模型结论的前提下，我们假设企业清算价值为 0。下面我们将详细介绍企业与银行部门的具体设定。

---

① 在本模型中我们讨论的是外部政策对企业风险承担决策的影响，假定企业和银行的所有者也是经营者，因此我们探讨的是银行和企业的委托代理问题，而银行和企业内部的委托代理问题不是本书的研究重点。实际上我们可以放松该假设，但这会使数学分析复杂化并偏离本书研讨的主题。

② 银行非风险中性，这是由于投资收益有违约风险，加上成本函数的假设，因此银行是“风险厌恶”的。而企业也出于成本函数的假定，所以企业也是风险厌恶。

③ 大量研究已发现，银行监督不仅有助于监督企业资金走向、降低企业道德风险，也有助于提高企业业绩（Boot et al.，1994；Dell’Ariccia et al.，2006；Allen et al.，2011）。例如，Allen 等（2011）发现，银行和企业具有互补功能。企业家拥有经营公司的专门知识，银行通过监督企业获取企业经营相关的信息，并利用自身金融专业知识的优势，帮助企业提高价值。

2. 企业部门

企业在获得银行贷款后选择风险项目进行投资。假设市场上有 N 个相互独立的异质风险投资项目 A_ρ ，ρ 为 [0, 1] 上按项目风险从小到大依次排序的连续编号。为了简化起见，我们假设企业在同一时段内无法同时经营两个及以上项目①。项目如果投资成功，企业可在期末获得收益 K ；如果投资失败，收益则为0。仅当投资成功，企业才偿还银行贷款本息 $rL(r)$ 。给定上述设定，企业的期望净收益为 $E=(1-p)[K-rL(r)]$ ，为简化分析，我们假定 $(1-p)K$ 为常数。假设企业投资失败概率 $p=\rho\cdot g(q)$ ，其中 ρ 为导致项目失败的自身因素，$g(q)$ 为银行监督 q 对项目成功概率 $(1-p)$ 的提升，$g'(q)<0$, $g''(q)>0$, $g(0)=1$, $q(\infty)=0$。一般而言，企业为项目投资需花费管理成本（如研发成本、采购成本等），而项目风险越高其消耗的成本通常也越高，因此我们假定企业成本为 $\frac{1}{2}\rho^2C$ ，C 为企业的成本管理系数②。企业的目标是最大化投资净收益：

$$V=\max_{\rho}\left[(1-p)K-(1-p)rL(r)-\frac{1}{2}\rho^2C\right] \tag{4.4}$$

3. 商业银行

银行在期初以贷款利率 r ，给予企业规模为 $L(r)$ 的贷款，假设 $L(r)=a-br$ 。在企业投资成功时，企业如期偿还贷款，银行贷款收益为 $rL(r)$ 。当企业投资失败时，银行收益为0。在企业项目投资期间，银行选择对企业的监督为 q ，以提高企业投资成功的可能性。假定银行监督付出的成本为 $\frac{1}{2}q^2L(r)$ ，银行贷款的机会成本为 $i\times L(r)$ ，i^* 为无风险利率。银行的目标是通过选择贷款利率与监督来最大化期望利润：

$$\pi=\max_{(r,q)}\left[\int_0^1(1-p)rL(r)-\frac{1}{2}q^2L(r)-i^*L(r)\,\mathrm{d}\rho\right] \tag{4.5}$$

---

① 之所以假定企业在同一时段内只能经营一个项目，是出于现实考虑。现实中虽然每家企业投资经营的项目有很多，但是企业的主营业务才是企业考虑的核心问题，且是企业实现长期价值增长的关键。所以，为了分析简便又不失一般性，因此假定每一时段内企业经营一个项目（选择主营业务项目）。

② 该成本函数的设定，参考马骏和纪敏（2016）的相关研究。

4.3.1.2　假说提出

定理：$\frac{d\rho}{d i^*}=\frac{\partial\rho}{\partial r}\cdot\frac{dr}{d i^*}<0$①

定理表明，无风险利率的升高会降低企业风险承担意愿，使企业选择风险较低的项目进行投资。我们发现，提高无风险利率会对企业的风险承担行为产生两个相反的效应。一是提高无风险利率增大了银行贷款的机会成本，银行必然会通过贷款利率来弥补成本的增加，在模型中表现为 $\frac{dr}{d i^*}>0$。对于企业来讲，较高的贷款利率会降低企业违约的损失 $p[rL(r)]$，增加企业风险投资的期望边际收益。因此，企业必然会选择具有更高风险的项目进行投资。二是企业选择高风险投资项目意味着更高的违约概率 $p=\rho\cdot g(q)$，这会损害银行的贷款收益 $\int_0^1(1-p)\,rL(r)\,d\rho$。在这种情况下，银行有动机加大监督力度 q 以提高企业的成功概率 $1-p$。这虽然增加了银行的期望收益，但同时也给企业带来了较高的期望成本，降低了其选择高风险项目的边际收益。因此，无风险利率的升高通过银行监督降低了企业风险承担的意愿。综合上述两种效应，再加上企业选择高风险项目（ρ 变大）会增加其经营成本 $\frac{1}{2}\rho^2C$，企业选择高风险投资的边际成本将会超过边际收益，最终使企业最优风险承担水平降低。因此，监督机制的存在导致了货币政策冲击和企业风险承担之间的负向关系。

基于此，本书提出如下假说：

假说1：基准利率②的上升通过银行的监督功能，将降低企业部门的风险承担水平。

---

① 值得注意的是，在求解 ρ 与 i^* 关系时，由于使用了 backward induction 方式，所以本身 i^* 通过 $r\rightarrow q\rightarrow\rho$ 的机制求解得出的 r 与 q 的关系，使得在最终形式的表达上 q 已被消去。此外，在本书中，我们的重点并不是探讨银行的监督和贷款利率的高阶导数，而在于了解政策利率的调整如何通过银行监督影响企业的风险选择，所以我们在求企业风险选择和政策利率关系时只给出了一阶导数关系，而并没有研究高阶导数情形，即探讨企业风险选择随政策利率改变的具体轨迹，但需注意的是，二者间本质上是一种非线性关系。

② 之所以在假说1中我们使用了基准利率而非无风险利率的说法，是考虑到本质上无风险利率应该是同业拆借利率或国债利率，在国外这两个等同于基准利率，与基准利率走势一致。而本书在未考虑国债市场和同业市场的局部均衡模型下，根据我国实际和本书研究目的出发，我们在此处采用基准利率一说。

4.3.2 样本选取与模型设计

4.3.2.1 研究样本

为了对上述假说进行验证，本书在我国银行主导型金融体系背景下，基于企业风险承担的视角，采用面板数据对理论提出假说进行实证检验。出于银企行为互动作用的考虑，本书人工收集并统计了沪深 A 股上市企业在样本期内向银行融资的每笔长期借款数据，初步搜集了共计 922 家企业的 12 593 笔贷款利率数据。由于贷款利率数据获取起始时间为 2007 年，样本期间为 2007—2015 年，研究对象为 A 股非金融类上市公司。我们以每三年为一个观测时段，采取滚动方式计算企业的风险承担水平，根据上市公司实际控制人的所有权性质，将样本区间内缺失段的其他变量数据及观测时段内所有权发生转变的观测值删除，并同时剔除 ST 股、PT 股。本书所使用的数据包括企业特征数据和宏观数据。企业特征数据来源于 CSMAR 数据库，宏观层面数据选自 Wind 数据库。

4.3.2.2 主要变量定义

（1）风险承担变量①

风险承担是指企业在投资决策时对预期收益不确定投资项目的选择。企业根据自身承担能力选择投资的项目风险性越高，意味着企业资本回报率的波动性越大，企业的风险承担水平也越高（Boubakri et al.，2013；John et al.，2008；余明桂 等，2013a）。由于高风险承担水平意味着现有营运资产在未来持续产生的盈余价值或者现有投资机会所带来的收入流将面临高不确定性，因

---

① 模型中的风险承担我们用 ρ 表示，根据现金流的期望收益和方差，计算可得 $Variance = (1-p)[K-(1-p)K]^2+p[-(1-p)K]^2=(1-p)pK^2=\mu\cdot\frac{p\mu}{(1-p)}$。其中，$\mu=(1-\rho)K$ 是随着 p 的增加而增大。进一步，$p=\varphi(p)\cdot g(q)$，而 $\varphi'(\rho)>0$，所以，p 也随着 ρ 的增加而增加，因此，方差随着 ρ 递增。这样，我们此处亦借鉴现有文献，采用 *Roa* 的波动作为风险承担指标加以量化进行实证检验。按理说，从文中的数理模型内在逻辑的一致性来看，选择企业改变项目风险的行为指标确实是最好的，但之所以本书选择 *Roa* 的波动，是因为：①从风险承担的定义出发，它讲的是企业在投资决策时对那些收益和现金流充满不确定性的投资项目的选择，所以风险承担和不确定性息息相关。虽然严格意义上讲，不确定性与风险不等价，但风险是可衡量的不确定性，在研究中我们一般只研究风险，并不会对两者进行区分。②虽然风险承担这个指标的量化方式（*Roa* 标准差）并不能完全反映出企业本身承担意愿的结果（企业根据自身承担能力从中选择投资的风险项目），但在难以获取企业改变项目风险的行为指标的条件下，*Roa* 的波动是目前研究领域内一个衡量企业风险承担的标准指标。*Roa* 的波动从一定程度上捕捉到了投资者的投资决策风险，同时，企业的风险承担也是 *Roa* 波动增大的充分条件。*Roa* 的波动是在现有企业风险承担研究领域范围内被认可的最能体现风险承担含义的变量。因此，在现有企业风险承担研究领域范围内，我们最后决定依照广泛的研究范式，选择在接下来的所有研究中，以 *Roa* 的波动来衡量企业的风险承担（John et al.，2008；Acharya et al.，2011；Faccio et al.，2011、2016）。

此，在已有相关文献的基础上，我们选择资产收益率标准差 σ（*Roa*）来表示企业在每一时段内的风险承担水平（John et al.，2008；Acharya et al.，2011；Boubakri et al.，2013；Faccio et al.，2011，2016；胡育蓉 等，2014；李文贵 等，2012；余明桂 等，2013b；张三保 等，2012；周彬蕊 等，2017；刘锡良 等，2018）。σ（*Roa*）定义为公司的经营资产收益率（净利润与总资产的比率）的波动性。目前，这一指标是企业风险承担研究文献普遍认可的，相对更能代表企业整体风险承担含义的变量。为了保证消除行业异质性因素的干扰，我们首先采用行业平均值对企业每一年的 *Roa* 进行调整，然后再计算每一观测时段内企业调整后的 *Roa* 标准差。

（2）银行监督变量

由于我国缺乏银行监督直接数据，为检验该渠道是否存在，我们选择了用贷款利率作为银行监督的代理指标。之所以选择贷款利率主要基于以下两个原因：一方面，通过理论模型，我们已证明贷款利率和银行监督变动的一致性即 $dq/dr > 0$。当贷款利率增加的时候，企业会有更大的动机选择高风险项目，从而导致企业的违约风险较高，这样一来，银行的贷款收益 $\int_0^1 (1-p)\, rL(r)\, d\rho$ 就会减少，银行就会有更大的动力去改变监督的力度 q 以降低企业的违约风险，所以银行的监督努力程度 q 会随着贷款利率的提高而提高。该结论与 Allen 等（2011）、江曙霞和陈玉婵（2012）的研究结论一致。另一方面，现有国内外文献 Coleman 等（2006）、胡奕明等（2008）在进行实证检验时也一致认同使用贷款利率反映银行监督的合理性。企业向银行借款主要分为短期借款、长期借款（包括一年内到期的长期负债）两大类，其中，短期借款主要是为企业解决短期流动性资金需求，而长期借款则是满足企业长期投资选择（胡奕明等，2005）。基于本书企业风险投资决策的研究目的，我们根据上市公司年报附注中所披露的长期借款信息，将人工收集的 12 593 笔贷款利率数据，按照企业、年度分别计算各样本企业 i 的 t 年 n 笔长期借款加权平均利率。共计得全样本 922 家企业，2 500 笔贷款加权利率数据（*Loanrate*），这样计算所得的利率可以有效减少市场其他因素对贷款利率的影响，增强贷款利率作为监督代理指标的合理性①。

① 合理性：在我国，贷款利率属于管制利率，银行对贷款基准利率变化反应敏感，基准利率的变化会影响银行事中的监督行为。不选择其他相关贷款利率变量是由于贷款期限等变量的不合适性。贷款发放决策、贷款期限、抵押担保等工具为事先约定的贷款条款，具有事前甄别的功能，无法反映事中监督。因此，本文认为，用这类变量来衡量银行监督是不合适的。

(3) 基准利率变量①

在我国银行主导型金融系统背景下，货币政策主要通过金融中介传导至实体经济。马骏和纪敏（2016）利用中国银行数据研究发现，我国银行贷款利率对央行贷款基准利率和市场利率的弹性分别为0.9~0.85和0.16~0.17，而张一林和樊纲治（2016）关于银行贷款决策与企业价值的研究也显示，银行贷款利率与企业价值之间存在显著关联。当贷款利率过低时，银行的金融支持包容性降低，银行断贷倾向增加，所以，本书根据上述研究结果，选择与银行贷款利率关联度最高的贷款基准利率表示货币政策变量。由于上市公司向银行贷款数据中贷款期限的样本年限均值为3.83，因此本书选用三至五年期年度加权贷款基准利率（*Five*）。

4.3.2.3 回归模型

为了研究货币政策通过银行中介的传导对企业风险承担产生的影响，我们首先分析了银行中介在传导过程中的作用。参照胡育蓉等（2014）、李文贵和余明桂（2012）的分析，本书构建基准模型如下：

$$Risk_{it} = \beta_0 + \beta_1 Five_t + \beta_2 X' + \alpha_i + \varepsilon_{it} \tag{4.6}$$

上式中，*Risk* 表示企业的风险承担，*Five* 为货币政策基准利率变量，*X* 为相关控制变量。为了控制可能产生的内生性问题，我们将企业层面所有财务特征变量滞后1期，对其他控制变量使用当期值。控制变量方面的选取与模型（4.1）和表4.1相同，考虑到个体效应的存在会导致误差估计出现偏误，所以我们采用固定效应模型，α_i 表示企业的个体效应，用以控制无法观测的非时变影响因素，ε_{it} 为特异性误差。在以上研究的分析基础之上，接下来，本书考察中介效应的存在，即银行中介的监督作用是否存在。本书基于 Baron 和 Kenny（1986）、Hayes（2009）、温忠麟等（2004）、温忠麟和叶宝娟（2014）、马文超（2015）的研究设计，建立如下贷款利率中介效应模型。

贷款利率中介效应的检验：

$$Loanrate_{it} = \beta_0 + \beta_1 Five_t + \beta_2 X' + \alpha_i + \varepsilon_{it} \tag{4.7}$$

$$Risk_{it} = \beta_0 + \beta_1 Five_t + \beta_2 Loanrate_{it} + \beta_3 X' + \alpha_i + \varepsilon_{it} \tag{4.8}$$

4.3.2.4 描述性统计特征

表4.8给出了经上下1%的 winsorize 处理（回归中的连续变量）后的模型

① 不选择其他市场利率（公开市场操作、MLF等）的原因有两点。一是时间不匹配。本书数据选择截至贷款利率放开之时（2015年）。在此之前，我国仍处于利率双轨制时期，而MLF等工具主要于2015年开始广泛运用。二是传导机制不畅通。现行MLF等市场利率与贷款利率之间的传导机制并未完全打通，银行还没有一个完善的贷款定价机制。

所有变量描述性统计特征。数据显示，样本企业风险承担水平 *Risk* 的平均值为 0.019 6。对比 Faccio 等（2016）的研究，世界上其他主要国家的风险承担水平均值为 0.048 0（Faccio et al.，2016）。这意味着我国上市企业的风险承担水平相较于世界其他国家可能还是较低，创新研发投入不足（Bargeron et al.，2010；余明桂等，2013b）。根据长期贷款利率的统计数据来看，我国三至五年期贷款基准利率为 6.5%左右，而上市企业的贷款利率最高值可达 11.5%，最低值为 3.93%，这反映出银行可根据借款人状况重新权衡其贷款收益与贷款成本，具有一定程度的贷款定价权。

表 4.8 描述性统计

变量名	变量的具体构造	均值	标准差	最小值	最大值
Risk	企业风险承担	0.019 6	0.021 5	0.000 2	0.232 0
Five	三至五年期加权贷款基准利率	0.065 4	0.004 1	0.057 6	0.074 7
Loanrate	银行年度加权贷款利率	0.062 7	0.010 6	0.039 4	0.115 0
State	虚拟变量，国有=1，否则为 0	0.640 8	0.479 9	0	1
Age	企业年龄的自然对数	2.621 7	0.365 1	1.098 6	3.218 9
Macrisk	GDP 增长率波动值	0.008 0	0.005 6	0.003 0	0.027 2
Leverage	上年年末的负债总额/上年总资产	0.553 1	0.162 2	0.066 6	0.947 8
Rpt	上一年关联交易总额/上年总资产	0.341 8	0.423 0	0.000 6	2.928 8
Recua	上年年末其他应收款/上年流动资产	0.038 4	0.050 4	0.000 6	0.287 7
Z	上年年末修正后 Altman 的 *Z* 值	17.995 2	3.608 6	9.460 0	30.263 8
Percash	上年年末每股经营现金流	0.861 3	1.994 8	−4.485 2	10.913 3
Size	上年年末总资产的自然对数	22.552 8	1.220 2	19.801 4	25.778 7
Tangible	上年年末有形资产总额/上年总资产	0.929 2	0.082 0	0.500 2	1
Gsales	上年年末营业收入增长率	0.232 9	0.375 6	−0.408 3	2.207 9

表4.8(续)

变量名	变量的具体构造	均值	标准差	最小值	最大值
Roe	上年年末股东权益报酬率	0.094 2	0.088 8	-0.207 8	0.374 9
Fs	上年年末第一大股东持股比例	0.369 6	0.158 0	0.088 0	0.788 4

4.3.3 实证结果与分析

4.3.3.1 货币政策、银行监督与企业风险承担

表4.9基于贷款利率决策的银行监督视角，衡量了货币政策影响企业风险承担渠道的存在性。结果显示，紧缩的货币政策通过银行的监督作用显著降低了企业部门的风险承担水平。这是源于基准利率上升，银行改变贷款决策选择调高贷款利率，由于较高的贷款利率提升企业风险项目承担意愿，所以银行将增强监督力度以降低企业违约风险。因而，企业为实现价值最大化，最终在成本与期望净收益间权衡，决定降低风险承担水平。因此，监督机制的存在导致了货币政策冲击与企业风险承担之间的负向关系。

表4.9给出了基准模型和中介效应模型的估计结果，其中（1）列为基准模型估计结果，（2）、（3）列为中介效应模型（4.7）和模型（4.8）的结果。首先，基准模型估计结果表明，货币政策与企业风险承担之间存在显著负向关联。模型（4.6）中的基准利率的估计系数显著为正，说明紧缩的货币政策会使银行显著提高放贷利率，加强对企业的监督。结合模型（4.8）贷款利率系数的估计结果，紧缩的货币政策通过银行的监督作用有效降低了企业的风险承担水平，证实了本书的假说1。这里需要说明的一点是：与基准模型相比，*Five*的系数绝对值虽然略有降低（从1.393降为1.341），但依旧显著。这表明银行监督作用并不能完全解释货币政策对企业风险承担的影响机制，仍然可能存在其他的影响机制，这将是我们以后的研究方向。

在中介效应模型中，控制变量宏观风险（*Macrisk*）与企业风险承担在5%的水平上显著正相关，系数估计值为0.31，与Acharya等（2011）的研究结论一致。这说明作为市场主要参与者的企业，其风险承担决策无疑会受经济环境波动的影响。值得注意的是，表4.9中企业杠杆率和企业规模分别在10%、5%的水平上均显著，这亦反映了企业的融资约束对企业风险承担的影响。当企业资本结构中以银行贷款为主时（此时企业杠杆率越高），根据投资现金流敏感性理论，该类企业的融资约束也相对更低（李科 等，2011），而企业融资

约束的降低会增大企业风险承担意愿，并提升企业价值（Faccio et al., 2016; John et al., 2008; 余明桂 等，2013b）。所以，杠杆率与企业风险承担表现出正向关联。此外，本书结论表明大企业由于社会责任等因素的存在，相比小企业，风险偏好较低（Size 系数显著为负），这与文献结论一致（Coles et al., 2006; Low, 2009; 张敏 等，2015）。

表 4.9 货币政策、银行监督与企业风险承担

变量名	(1)	(2)	(3)
	Risk	*Loanrate*	*Risk*
Five	−1.393 0*** (0.513 0)	0.504 0* (0.271 0)	−1.341 0*** (0.510 0)
Loanrate			−0.102 0* (0.060 1)
State	−0.019 0*** (0.007 3)	0.005 6 (0.006 0)	−0.018 4** (0.007 2)
Age	−0.005 1 (0.009 2)	0.001 4 (0.006 2)	−0.005 0 (0.009 1)
Macrisk	0.307 0** (0.121 0)	0.023 4 (0.066 5)	0.310 0** (0.121 0)
Leverage	0.015 20* (0.008 9)	0.008 1** (0.003 3)	0.016 1* (0.009 0)
Rpt	0.001 2 (0.001 3)	0.000 9 (0.000 6)	0.001 3 (0.001 3)
Recua	−0.005 6 (0.010 9)	−0.002 4 (0.007 1)	−0.005 9 (0.010 8)
Z	0.000 4 (0.000 4)	−0.000 4* (0.000 2)	0.000 4 (0.000 4)
Percash	−0.000 3 (0.000 4)	0.000 5** (0.000 2)	−0.000 3 (0.000 4)
Size	−0.007 2** (0.002 8)	−0.000 1 (0.001 2)	−0.007 2** (0.002 8)
Tangible	−0.007 3 (0.009 8)	0.001 4 (0.005 5)	−0.007 2 (0.009 8)
Gsales	−0.001 3 (0.001 1)	0.000 2 (0.000 6)	−0.001 3 (0.001 1)

表4.9(续)

变量名	(1)	(2)	(3)
	Risk	*Loanrate*	*Risk*
Roe	0.001 0 (0.009 7)	-0.002 0 (0.003 2)	0.000 8 (0.001 0)
Fs	0.013 3 (0.010 6)	0.010 3** (0.004 6)	0.014 3 (0.010 7)
Constant	0.282 0*** (0.088 2)	0.026 6 (0.040 4)	0.285 0*** (0.088 2)
Industry&Year	YES	YES	YES
Adj. R^2	0.028	0.191	0.030
Observations	2 500	2 500	2 500

注：固定效应回归结果在企业层面进行了聚类调整，括号中的数字为稳健标准误。＊＊＊、＊＊、＊分别表示1%、5%、10%的显著性水平。

4.3.3.2 稳健性检验

(1) 采用其他分析方法

表4.9的回归分析是以贷款利率作为监督指标的代理变量，由于贷款利率并非是银行监督的直接指标，所以为了保证本书结论的稳健性，接下来根据银行监督强度将我国银行监督划分为两个时期，采用双重差分模型（Difference-in-Difference）来检验银行监督对于货币政策企业风险承担渠道的作用。具体来说，我们将对比企业在银行监督力度加强前后，其风险承担水平对货币政策冲击的敏感性，以此来验证货币政策是否通过银行监督影响企业的风险承担决策。如果企业在银行监督加强后对货币政策表现出更高的风险承担水平，就说明我们的理论假设成立；反之则说明货币政策企业风险承担渠道存在其他的作用机制。实证模型设定如下：

$$
\begin{aligned}
Risk_{it} = {} & \beta_0 + \beta_1 Five_t + \beta_2 Change_{it} + \beta_3 After_{it} + \beta_4 Five_t \times Change_{it} + \beta_5 Five_t \times \\
& After_{it} + \beta_5 Change_{it} \times After_{it} + \beta_6 Five_t \times Change_{it} \times After_{it} + \\
& \beta_7 X'_{it-1} + \alpha_i + \varepsilon_{it}
\end{aligned}
\tag{4.9}
$$

如何设定“实验组”和“控制组”是双重差分模型的关键。我们以2010年为界。为推进经济发展方式转变和产业结构升级，政府在这一年出台了一系列意见，督促银行业金融机构加强贷款管理①。鉴于此，我们将受2010年国务院、中国银行保险监督管理委员会（以下简称“银保监会”）所颁布政策影响的企业定义为“实验组”，虚拟变量 *Change* 取值为1；将未受国家政策影响的行业企业（该组企业所属行业为非房地产和非“两高一剩”行业）定义为“控制组”，虚拟变量 *Change* 取值为0。*After* 在2010年后（2011—2013年）取值为1，在2010年前（2007—2009年）取值为0。

实证结果如表4.10所示。在去掉2010年所有企业样本后，表4.10（1）列的估计结果表明：在不控制其他因素的前提下，货币政策与企业风险承担呈显著负向关系。相比之下，（2）列给出模型（4.9）的回归结果显示 *Five*×*Change* 不显著，这表明银行在未改变贷款监督力度时，货币政策对“实验组”企业和“控制组”企业风险承担的影响无显著差异，银行监督力度加强后，体现为 *Five*×*Change*×*After* 的系数估值为-1.655 8，在5%的水平上显著。表明“实验组”企业风险承担对货币政策冲击的敏感性比“控制组”企业同期更强。因此，银行监督是货币政策对企业风险承担产生显著影响的关键。

综合表4.9中介效应的检验结果来看，表4.10的回归分析进一步增强了本书结果的稳健性。这说明货币政策冲击确实可以通过银行监督对企业风险承担产生影响，即说明货币政策通过银行监督影响企业风险承担水平的微观机制在我国是存在的。

表4.10　货币政策、银行监督与企业风险承担：DID检验

变量名	（1）	（2）
Five	-1.444 1*** （0.549 3）	-0.113 1 （0.286 6）
Change		-0.003 7 （0.004 6）

① 例如，2010年银监会出台了“三个办法一个指引”，倡导银行业金融机构强化贷款审慎经营管理和贷款风险监管；针对今年房地产价格增长过快、房贷风险隐患增多的现状，国务院及国务院办公厅先后颁布《关于坚决遏制部分城市房价过快上涨的通知》《促进房地产市场平稳健康发展的通知》，银监会为贯彻落实国务院所颁布文件的有关精神，鞭策银行业金融机构针对房地产企业贷款强化贷前审查和贷后监管；为加快产业结构升级，2020年5月，国务院办公厅颁布了《进一步加大工作力度确保实现“十一五”节能减排目标的通知》，中国人民银行、银保监会也为了全力支持节能减排工作并做好金融服务工作，紧接着颁布了《关于进一步做好支持节能减排和淘汰落后产能金融服务工作的意见》，要求银行业金融机构事前严控对“两高一剩”行业的新增授贷，事中严管此类贷款，密切跟踪监测并有效防范其信贷风险，事后做好资产保全工作。

表4.10(续)

变量名	(1)	(2)
After		0.001 4 (0.003 7)
Five × Change		0.103 5 (0.240 8)
Five × After		-0.865 5 (0.679 4)
Change × After		0.005 0* (0.002 8)
Five × Change × After		-1.655 8** (0.704 1)
State	-0.022 7*** (0.006 6)	-0.025 0*** (0.006 7)
Age	-0.006 7 (0.010 2)	-0.006 7 (0.010 0)
Macrisk	0.299 3** (0.130 4)	0.143 6 (0.141 2)
Leverage	0.016 8* (0.009 4)	0.017 1* (0.009 6)
Rpt	0.000 9 (0.001 4)	0.000 8 (0.001 4)
Recua	-0.006 1 (0.011 2)	-0.007 6 (0.011 3)
Z	0.000 6 (0.000 5)	0.000 5 (0.000 5)
Percash	-0.000 5 (0.000 4)	-0.000 4 (0.000 4)
Size	-0.007 6** (0.003 0)	-0.007 5** (0.003 0)
Tangible	-0.008 1 (0.010 4)	-0.007 2 (0.010 6)
Gsales	-0.001 4 (0.001 2)	-0.001 3 (0.001 2)
Roe	-0.003 0 (0.010 6)	-0.000 4 (0.010 7)

表4.10(续)

变量名	(1)	(2)
Fs	0.013 6 (0.011 5)	0.012 1 (0.011 5)
Constant	0.298 9*** (0.096 3)	0.209 7*** (0.073 4)
Industry&Year	YES	YES
Adj. R^2	0.031	0.037
Observations	2 347	2 347

注：回归结果在企业层面进行了聚类调整并控制了个体固定效应，括号中的数字为稳健标准误。＊＊＊、＊＊、＊分别表示1%、5%、10%的显著性水平。

（2）其他稳健性检验

为进一步检验本书研究结果的稳健性，我们从三个方面对结论进行了分析。首先，我们根据上市企业中长期贷款期限不同，将样本分为1~3年期中期贷款（*Three*）和五年期以上长期贷款（*Above*）两部分。对每一部分分别采用对应期限的贷款基准利率，同时考虑到企业贷款方式的不同，加入贷款抵押变量（*Collateral*）进行稳健性回归检验。结果显示，银行的监督机制依旧具有显著作用。其次，针对不同货币政策工具，我们选择三年期存款基准利率（*Deposit*）、一年期 *Shibor* 进行验证，回归结果仍保持不变。同时，考虑到我国现阶段处于量价并行的转型阶段，为保证结果的准确性，本研究分别控制了准备金率（*Reserve*）和信贷资源①（*Cresource*），检验了银行监督机制的存在性，证实了货币政策通过银行监督影响了企业的风险承担。此外，针对货币政策调整的滞后性，我们在模型中加入了基准利率的滞后一期变量（*Lagfive*），估计结果不变。最后，本书根据 *Faccio* 等（2011）、李文贵和余明桂（2012）的研究，选择了3年观测期内企业 *Roa* 最大值与最小值的差额（*Range*）替代原被解释变量 Roa 的标准差对模型进行估计。实证结果表明，主解释变量系数符号及显著性与前文计算结果一致，在10%的水平上显著为负，这意味着货币政策通过银行监督对企业风险承担的影响机制稳健（稳健性回归结果见表4.11、表4.12、表4.13和表4.14）。

① 为排除信贷资源的影响，我们选择对年末新增人民币贷款/新增 GDP（*Cresource*）加以控制，以进行稳健性回归。

表 4.11 货币政策、银行监督与企业风险承担稳健性结果（1）

变量名	（1）	（2）	（3）	（4）	（5）	（6）	（7）	（8）	（9）
	Risk	*Loanrate*	*Risk*	*Risk*	*Loanrate*	*Risk*	*Risk*	*Loanrate*	*Risk*
Three	−1.350 4*** （0.497 1）	0.488 5* （0.263 2）	−1.300 5*** （0.494 3）						
Above				−1.326 8*** （0.488 4）	0.480 0* （0.258 6）	−1.277 8*** （0.485 7）			
Five							−2.539 1** （1.248 4）	1.642 5** （0.777 4）	−2.181 2 （1.329 3）
Loanrate			−0.102 1* （0.060 1）			−0.102 1* （0.060 1）			−0.217 9* （0.121 3）
Collateral							−0.012 0* （0.006 7）	0.003 8 （0.002 6）	−0.011 1 （0.007 2）
State	−0.019 0** （0.007 4）	0.005 6 （0.006 0）	−0.018 4** （0.007 2）	−0.019 0** （0.007 4）	0.005 6 （0.006 0）	−0.018 4** （0.007 2）	−0.018 7 （0.017 8）	0.005 3 （0.006 2）	−0.018 1 （0.017 9）
Age	−0.005 1 （0.009 2）	0.001 4 （0.006 2）	−0.005 0 （0.009 1）	−0.005 1 （0.009 2）	0.001 4 （0.006 2）	−0.005 0 （0.009 1）	−0.025 8 （0.015 9）	0.007 1 （0.012 6）	−0.024 3 （0.015 4）
Macrisk	0.338 7*** （0.116 5）	0.012 0 （0.064 2）	0.339 9*** （0.116 2）	0.356 2*** （0.114 3）	0.005 7 （0.063 2）	0.356 7*** （0.114 0）	0.502 4 （0.354 0）	−0.212 0 （0.203 1）	0.456 2 （0.349 8）
Leverage	0.015 2* （0.008 9）	0.008 1** （0.003 3）	0.016 1* （0.008 9）	0.015 2* （0.008 9）	0.008 1** （0.003 3）	0.016 1* （0.008 9）	−0.003 1 （0.017 4）	0.002 9 （0.009 7）	−0.002 5 （0.016 6）
Rpt	0.001 2 （0.001 3）	0.000 9 （0.000 6）	0.001 3 （0.001 3）	0.001 2 （0.001 3）	0.000 9 （0.000 6）	0.001 3 （0.001 3）	0.000 7 （0.001 8）	−0.000 5 （0.001 6）	0.000 6 （0.001 6）
Recua	−0.005 6 （0.011 0）	−0.002 4 （0.007 1）	−0.005 9 （0.010 8）	−0.005 6 （0.011 0）	−0.002 4 （0.007 1）	−0.005 9 （0.010 8）	−0.010 5 （0.027 5）	0.023 7* （0.012 4）	−0.005 3 （0.027 3）

表4.11（续）

变量名	(1)	(2)	(3)	(4)	(5)	(6)	(7)	(8)	(9)
	Risk	*Loanrate*	*Risk*	*Risk*	*Loanrate*	*Risk*	*Risk*	*Loanrate*	*Risk*
Z	0.000 4 (0.000 4)	−0.000 3* (0.000 2)	0.000 4 (0.000 4)	0.000 4 (0.000 4)	−0.000 3* (0.000 2)	0.000 4 (0.000 4)	−0.000 6 (0.000 8)	−0.000 3 (0.000 4)	−0.000 7 (0.000 8)
Percash	−0.000 3 (0.000 4)	0.000 5** (0.000 2)	−0.000 2 (0.000 4)	−0.000 3 (0.000 4)	0.000 5** (0.000 2)	−0.000 2 (0.000 4)	−0.000 1 (0.000 7)	0.000 5 (0.000 5)	0.000 1 (0.000 7)
Size	−0.007 2** (0.002 8)	−0.000 1 (0.001 1)	−0.007 2** (0.009 8)	−0.007 2** (0.002 8)	−0.000 1 (0.001 1)	−0.007 2** (0.002 8)	0.002 0 (0.005 5)	−0.001 7 (0.003 3)	0.001 7 (0.005 4)
Tangible	−0.007 3 (0.009 8)	0.000 2 (0.000 6)	−0.007 2 (0.009 8)	−0.007 3 (0.009 8)	0.001 4 (0.005 5)	−0.007 2 (0.009 8)	−0.019 6 (0.015 4)	−0.004 8 (0.010 8)	−0.020 6 (0.014 7)
Gsales	−0.001 3 (0.001 1)	0.000 2 (0.000 6)	−0.001 3 (0.001 1)	−0.001 3 (0.001 1)	0.000 2 (0.000 6)	−0.001 3 (0.001 1)	−0.001 1 (0.002 4)	0.000 8 (0.002 1)	−0.001 0 (0.002 5)
Roe	0.001 0 (0.009 7)	−0.002 0 (0.003 2)	0.000 8 (0.009 7)	0.001 0 (0.009 7)	−0.002 0 (0.003 2)	0.000 8 (0.009 7)	0.026 9 (0.022 6)	0.000 1 (0.010 3)	0.026 9 (0.022 5)
Fs	0.013 2 (0.010 6)	0.010 03** (0.004 6)	0.014 3 (0.010 7)	0.013 3 (0.010 6)	0.010 3** (0.004 6)	0.143 1 (0.010 7)	0.020 5 (0.031 2)	0.001 4 (0.017 2)	0.020 8 (0.030 4)
Constant	0.276 0*** (0.086 3)	0.028 9 (0.039 4)	0.279 0*** (0.086 4)	0.279 8*** (0.087 4)	0.027 5 (0.040 0)	0.282 6*** (0.087 4)	0.223 1 (0.175 8)	−0.013 7 (0.088 5)	0.220 1 (0.178 2)
Ind. &Year	YES	YES	YES	YES	YES	YES	YES	YES	YES
Observations	2 500	2 500	2 500	2 500	2 500	2 500	584	584	584
Adj. R^2	0.028	0.191	0.030	0.028	0.191	0.030	0.068	0.201	0.084

注：固定效应回归结果在企业层面进行了聚类调整，括号中的数字为稳健标准误，＊＊＊、＊＊、＊分别表示1%、5%、10%的显著性水平。

表 4.12 货币政策、银行监督与企业风险承担稳健性结果（2）

变量名	(1)	(2)	(3)	(4)	(5)	(6)
	Risk	*Loanrate*	*Risk*	*Range*	*Loanrate*	*Range*
Reserve	-2.484 3*** (0.914 5)	0.898 8* (0.484 2)	-2.392 6*** (0.909 4)			
Five				-2.056 0* (1.055 4)	0.503 8* (0.271 4)	-1.950 8* (1.051 7)
Loanrate			-0.102 1* (0.060 1)			-0.208 7* (0.124 0)
State	-0.019 0** (0.007 4)	0.005 6 (0.006 0)	-0.018 4** (0.007 2)	-0.042 4** (0.020 4)	0.005 6 (0.006 0)	-0.041 2** (0.020 0)
Age	-0.005 1 (0.009 2)	0.001 4 (0.006 2)	-0.005 0 (0.009 1)	0.000 9 (0.012 0)	0.001 4 (0.006 2)	0.001 2 (0.019 8)
Macrisk	-9.061 6** (3.505 0)	3.412 9* (1.854 2)	-8.713 2** (3.486 0)	0.614 1*** (0.225 5)	0.023 4 (0.066 5)	0.618 9*** (0.224 6)
Leverage	0.015 2* (0.008 9)	0.008 1** (0.003 3)	0.016 1* (0.008 9)	0.016 2 (0.017 6)	0.008 1** (0.003 3)	0.017 9 (0.017 7)
Rpt	0.001 2 (0.001 3)	0.000 9 (0.000 6)	0.001 3 (0.001 3)	0.002 1 (0.002 5)	0.000 9 (0.000 6)	0.002 3 (0.002 5)
Recua	-0.005 6 (0.011 0)	-0.002 4 (0.007 1)	-0.005 9 (0.010 8)	0.015 3 (0.021 6)	-0.002 4 (0.007 1)	0.014 8 (0.021 7)
Z	0.000 4 (0.000 4)	-0.000 3* (0.000 2)	0.000 4 (0.000 4)	0.000 9 (0.000 9)	-0.000 3* (0.000 2)	0.000 9 (0.000 9)
Percash	-0.000 3 (0.000 4)	0.000 5** (0.000 2)	-0.000 2 (0.000 4)	-0.000 7 (0.000 8)	0.000 5** (0.000 2)	-0.000 6 (0.000 8)
Size	-0.007 2** (0.002 8)	-0.000 1 (0.000 1)	-0.007 2** (0.002 8)	-0.011 2** (0.005 3)	-0.000 1 (0.001 1)	-0.011 7** (0.005 2)
Tangible	-0.007 3 (0.009 8)	0.001 4 (0.005 5)	-0.007 2 (0.009 8)	-0.004 1 (0.019 1)	0.001 4 (0.005 5)	-0.003 9 (0.019 1)
Gsales	-0.001 3 (0.001 1)	0.000 2 (0.000 6)	-0.001 3 (0.001 1)	-0.002 6 (0.002 3)	0.000 2 (0.000 6)	-0.002 6 (0.002 3)
Roe	0.001 0 (0.009 7)	-0.002 0 (0.003 2)	0.000 8 (0.009 7)	0.007 2 (0.019 1)	-0.002 0 (0.003 2)	0.006 8 (0.019 1)
Fs	0.013 3 (0.010 6)	0.010 3** (0.004 6)	0.014 3 (0.010 7)	0.026 5 (0.023 2)	0.010 3** (0.004 6)	0.028 6 (0.023 2)
Constant	0.720 5*** (0.237 1)	-0.131 9 (0.120 6)	0.707 0*** (0.235 6)	0.413 5** (0.168 9)	0.026 6 (0.040 4)	0.419 0** (0.168 8)
Industry&Year	YES	YES	YES	YES	YES	YES
Observations	2 500	2 500	2 500	2 500	2 500	2 500
Adj. R^2	0.028	0.191	0.030	0.021	0.191	0.023

注：固定效应回归结果在企业层面进行了聚类调整，括号中的数字为稳健标准误，＊＊＊、＊＊、＊分别表示 1%、5%、10%的显著性水平。

表 4.13　货币政策、银行监督与企业风险承担稳健性结果（3）

变量名	(1)	(2)	(3)	(4)	(5)	(6)
	Risk	*Loanrate*	*Risk*	*Risk*	*Loanrate*	*Risk*
Deposit	-1.201 6*** (0.442 3)	0.434 7* (0.234 2)	-1.157 2*** (0.439 9)			
Shibor				-2.217 0*** (0.816 1)	0.802 1* (0.432 1)	-2.135 1*** (0.811 6)
Loanrate			-0.102 1* (0.060 1)			-0.102 1* (0.060 1)
State	-0.019 0** (0.007 4)	0.005 6 (0.006 0)	-0.018 4** (0.007 2)	-0.019 0** (0.007 4)	0.005 6 (0.006 0)	-0.018 4** (0.007 2)
Age	-0.005 1 (0.009 2)	0.001 4 (0.006 2)	-0.005 0 (0.009 1)	-0.005 1 (0.009 2)	0.001 4 (0.006 2)	-0.005 0 (0.009 1)
Macrisk	-0.003 7 (0.200 8)	0.135 9 (0.106 7)	0.010 2 (0.200 1)	-1.025 5* (0.555 9)	0.505 6* (0.293 3)	-0.973 9* (0.553 2)
Leverage	0.015 2* (0.008 9)	0.008 1** (0.003 3)	0.016 1 (0.008 9)	0.015 2* (0.008 9)	0.008 1** (0.003 3)	0.016 1* (0.008 9)
Rpt	0.001 2 (0.001 3)	0.000 9 (0.000 6)	0.001 3* (0.001 3)	0.001 2 (0.001 3)	0.000 9 (0.000 6)	0.001 3 (0.001 3)
Recua	-0.005 6 (0.011 0)	-0.002 4 (0.007 1)	-0.005 9 (0.010 8)	-0.005 6 (0.011 0)	-0.002 4 (0.007 1)	-0.005 8 (0.010 8)
Z	0.000 4 (0.000 4)	-0.000 3* (0.000 2)	0.000 4 (0.000 4)	0.000 4 (0.000 4)	-0.000 3* (0.000 2)	0.000 4 (0.000 4)
Percash	-0.000 3 (0.000 4)	0.000 5** (0.000 2)	-0.000 2 (0.000 4)	-0.000 3 (0.000 4)	0.000 5** (0.000 2)	-0.000 2 (0.000 4)
Size	-00 072** (0.002 8)	-0.000 1 (0.001 1)	-0.007 2** (0.002 8)	-0.007 2** (0.002 8)	-0.000 1 (0.001 1)	-0.007 2** (0.002 8)
Tangible	-0.007 3 (0.009 8)	0.001 4 (0.005 5)	-0.007 2 (0.009 8)	-0.007 3 (0.009 8)	0.001 4 (0.005 5)	-0.007 2 (0.009 8)
Gsales	-0.001 3 (0.001 1)	0.000 2 (0.000 6)	-0.001 3 (0.001 1)	-0.001 3 (0.001 1)	0.000 2 (0.000 6)	-0.001 3 (0.001 1)
Roe	0.001 0 (0.009 7)	-0.002 0 (0.003 2)	0.000 8 (0.009 7)	0.001 0 (0.009 7)	-0.002 0 (0.003 2)	0.000 8 (0.009 7)
Fs	0.013 3 (0.010 6)	0.010 3** (0.004 6)	0.014 3 (0.010 7)	0.013 3 (0.010 6)	0.010 3** (0.004 6)	0.014 3 (0.010 7)
Constant	0.246 2*** (0.078 1)	0.039 7 (0.034 9)	0.250 2*** (0.078 3)	0.299 6*** (0.093 3)	0.020 3 (0.043 2)	0.301 7*** (0.093 2)
Industry&Year	YES	YES	YES	YES	YES	YES
Observations	2 500	2 500	2 500	2 500	2 500	2 500
Adj. R^2	0.028	0.191	0.030	0.028	0.191	0.030

注：固定效应回归结果在企业层面进行了聚类调整，括号中的数字为稳健标准误，＊＊＊、＊＊、＊分别表示1%、5%、10%的显著性水平。

表 4.14　货币政策、银行监督与企业风险承担稳健性结果（4）

变量名	（1）	（2）	（3）	（4）	（5）	（6）	（7）	（8）	（9）
	Risk	*Loanrate*	*Risk*	*Risk*	*Loanrate*	*Risk*	*Risk*	*Loanrate*	*Risk*
Five	-1. 368 1*** (0. 516 0)	0. 537 0** (0. 271 0)	-1. 313 3** (0. 513 4)	-1. 386 8*** (0. 513 4)	0. 511 7* (0. 271 3)	-1. 334 7*** (0. 510 6)	-1. 261 9*** (0. 539 5)	0. 680 3** (0. 274 0)	-1. 192 4** (0. 538 0)
Reserve	-0. 043 9 (0. 036 7)	-0. 059 2*** (0. 018 8)	-0. 049 9 (0. 037 0)						
Loanrate			-0. 102 1* (0. 060 1)			-0. 102 0* (0. 060 0)			-0. 102 1* (0. 060 1)
Lagfive				0. 160 5 (0. 134 2)	0. 216 5*** (0. 068 9)	0. 182 6 (0. 135 3)			
Cresource							0. 003 0 (0. 002 5)	0. 004 0*** (0. 001 3)	0. 003 4 (0. 002 5)
State	-0. 019 0** (0. 007 4)	0. 005 6 (0. 006 0)	-0. 018 4** (0. 007 2)	-0. 019 0** (0. 007 4)	0. 005 6 (0. 006 0)	-0. 018 4** (0. 007 2)	-0. 019 0** (0. 007 4)	0. 005 6 (0. 006 0)	-0. 018 4** (0. 007 2)
Age	-0. 005 1 (0. 009 2)	0. 001 4 (0. 006 2)	-0. 005 0 (0. 009 1)	-0. 005 1 (0. 009 2)	0. 001 4 (0. 006 2)	-0. 005 0 (0. 009 1)	-0. 005 1 (0. 009 2)	0. 001 4 (0. 006 2)	-0. 005 0 (0. 009 1)
Macrisk	0. 141 9 (0. 143 6)	-0. 200 0*** (0. 075 7)	0. 121 5 (0. 145 2)	0. 341 3** (0. 145 0)	0. 069 2 (0. 073 5)	0. 348 4** (0. 134 6)	0. 393 0** (0. 163 4)	0. 139 0 (0. 087 8)	0. 407 2** (0. 163 0)
Leverage	0. 015 2* (0. 008 9)	0. 008 1** (0. 003 3)	0. 016 1* (0. 008 9)	0. 015 2* (0. 008 9)	0. 008 1** (0. 003 3)	0. 016 1* (0. 008 9)	0. 015 2* (0. 008 9)	0. 008 1** (0. 003 3)	0. 016 1* (0. 008 9)
Rpt	0. 001 2 (0. 001 3)	0. 000 9 (0. 000 6)	0. 001 3 (0. 001 3)	0. 001 2 (0. 001 3)	0. 000 9 (0. 000 6)	0. 001 3 (0. 001 3)	0. 001 2 (0. 001 3)	0. 000 9 (0. 000 6)	0. 001 3 (0. 001 3)
Recua	-0. 005 6 (0. 011 0)	-0. 002 4 (0. 007 1)	-0. 005 9 (0. 010 8)	-0. 005 6 (0. 011 0)	-0. 002 4 (0. 007 1)	-0. 005 9 (0. 010 8)	-0. 005 6 (0. 011 0)	-0. 002 4 (0. 007 1)	-0. 005 9 (0. 010 8)

表4.14（续）

变量名	(1)	(2)	(3)	(4)	(5)	(6)	(7)	(8)	(9)
	Risk	*Loanrate*	*Risk*	*Risk*	*Loanrate*	*Risk*	*Risk*	*Loanrate*	*Risk*
Z	0.000 4 (0.000 4)	−0.000 3 * (0.000 1)	0.000 4 (0.000 4)	0.000 4 (0.000 4)	−0.000 3 * (0.000 2)	0.000 4 (0.000 4)	0.000 4 (0.000 4)	−0.000 3 * (0.000 2)	0.000 4 (0.000 4)
Percash	−0.000 3 (0.000 4)	0.000 5 ** (0.000 2)	−0.000 2 (0.000 4)	−0.000 3 (0.000 4)	0.000 5 ** (0.000 2)	−0.000 2 (0.000 4)	−0.000 3 (0.000 4)	0.000 5 ** (0.000 2)	−0.000 2 (0.000 4)
Size	−0.007 2 ** (0.002 8)	−0.000 1 (0.001 1)	−0.007 2 ** (0.002 8)	−0.007 2 ** (0.002 8)	−0.000 1 (0.001 1)	−0.007 2 ** (0.002 8)	−0.007 2 ** (0.002 8)	−0.000 1 (0.001 1)	−0.007 2 ** (0.002 8)
Tangible	−0.007 3 (0.009 8)	0.001 4 (0.005 5)	−0.007 2 (0.009 8)	−0.007 3 (0.009 8)	0.001 4 (0.005 5)	−0.007 2 (0.009 8)	−0.007 3 (0.009 8)	0.001 4 (0.005 5)	−00 072 (0.009 8)
Gsales	−0.001 3 (0.001 1)	0.000 2 (0.000 6)	−0.001 3 (0.001 1)	−0.001 3 (0.001 1)	0.000 2 (0.003 2)	−0.001 3 (0.001 1)	−0.001 3 (0.001 1)	0.000 2 (0.000 6)	−0.001 3 (0.001 1)
Roe	0.001 0 (0.009 7)	−0.002 0 (0.003 2)	0.000 8 (0.009 7)	0.001 0 (0.009 7)	−0.002 0 (0.003 2)	0.000 8 (0.009 7)	0.001 0 (0.009 7)	−0.002 0 (0.003 2)	0.000 8 (0.009 7)
Fs	0.013 3 (0.010 6)	0.010 3 ** (0.004 6)	0.014 3 (0.010 7)	0.013 3 (0.010 6)	0.010 3 ** (0.004 6)	0.014 3 (0.010 7)	0.013 3 (0.010 6)	0.010 3 ** (0.004 6)	0.014 3 (0.010 7)
Constant	0.290 1 *** (0.087 1)	0.037 0 (0.040 9)	0.293 8 *** (0.087 2)	0.271 1 *** (0.090 5)	0.011 4 (0.040 2)	0.272 3 *** (0.090 4)	0.268 6 *** (0.091 1)	0.008 1 (0.040 2)	0.269 4 *** (0.091 0)
Industry&Year	YES	YES	YES	YES	YES	YES	YES	YES	YES
Observations	2 500	2 500	2 500	2 500	2 500	2 500	2 500	2 500	2 500
Adj. R^2	0.028	0.191	0.030	0.028	0.191	0.030	0.028	0.191	0.030

注：固定效应回归结果在企业层面进行了聚类调整，括号中的数字为稳健标准误，＊＊＊、＊＊、＊分别表示1%、5%、10%的显著性水平。

4.4 进一步讨论与分析

4.4.1 不同类型商业银行的贷款监督差异

目前，我国银行业构建了多层次银行体系，截至 2015 年，我国银行业包括 3 家政策性银行、1 家邮政储蓄银行、5 家大型国有银行、12 家股份制商业银行、144 家城商行、212 家农商行、190 家农村合作银行和 2 265 家农信社。鉴于此，本书在此部分对不同类型银行的贷款监督做进一步分析。

首先，本书剔除了样本中没有详细披露贷款银行的上市企业借款数据，最后共获得 10 078 笔贷款。其次，按照不同类型银行分类，在此基础上对贷款数据进行初步统计分析，结果见图 4.3，图中贷款比重为各类型银行贷款笔数占总笔数的比例，贷款利率为各类型银行在样本区间内的贷款利率均值。可以看出，61.08%的上市企业贷款来源渠道为国有银行，15.9%和 13.5%的企业贷款融资来自股份制银行和政策性银行，而只有 5.6%的企业选择从城商行贷款。最后，我们比较样本期内三至五年期贷款基准利率（基准利率为 0.067 5），城商行、农商行、农村合作银行以及农信社，平均贷款利率会根据上市企业经营风险，在基准利率基础上上浮适当比例；政策性银行、国有银行、邮政储蓄银行和股份制银行则在基准利率基础上下浮适当比例。总体而言，我国银行贷款利率集中在基准利率的 0.8 至 1.1 倍的区间内。地方性、农村性银行的贷款监督相较于大型商业银行（如国有、股份制银行）具有差异性。为了准确衡量不同类型银行贷款监督的差异性，本书根据银行类型对样本数据进行了分组检验。

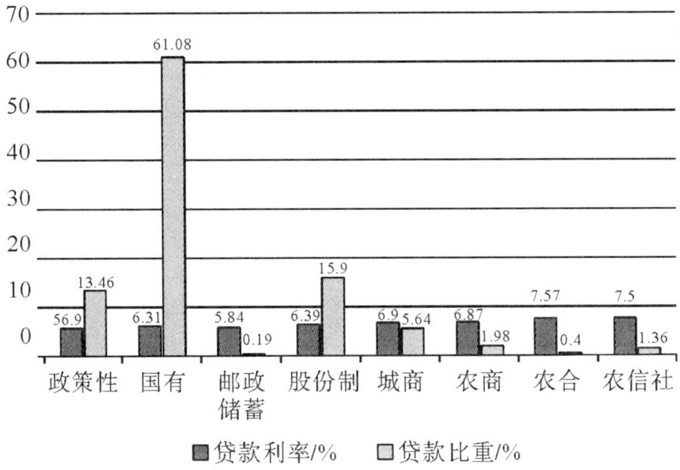

图 4.3　多种类型银行的贷款利率和贷款比重分析

由于样本内多数企业一年之内从多家不同类型银行获得多笔借款，所以我们根据企业当年贷款总额和每类银行的贷款额计算出企业在每类银行的贷款权重，选择最大贷款权重占比银行为企业主要贷款银行。表 4.15 给出了按照国有银行、股份制银行、政策性银行和地方性银行①分组的实证结果，结果表明，对于不同类型的银行，货币政策、银行监督与企业风险承担之间的关系具有显著差异。对于政策性银行而言，货币政策并不会影响银行监督，但银行监督对企业风险承担影响显著；对五大国有银行而言，货币政策虽然会影响银行贷款利率，但是贷款利率却不会直接影响企业风险承担；在地方性银行分组中，货币政策则通过银行监督显著影响企业的风险承担。之所以有这样的结果，我们认为是因为地方性银行相比国有银行，其贷款利率定价较基准利率变动幅度更大。

① 地方性银行包括城商行、农商行、农村合作银行和农村信用社。由于此四类银行都具有典型的地方性特征，且同时城商行、农商行发展起步较晚，在本书收集的上市公司样本中比重偏低，因此我们将此四类合并为地方性银行。

表 4.15　国有、股份制、政策性、地方性银行监督差异

变量名	国有银行			股份制银行			政策性银行			地方性银行		
	（1）	（2）	（3）	（4）	（5）	（6）	（7）	（8）	（9）	（10）	（11）	（12）
	Risk	*Loanrate*	*Risk*	*Risk*	*Loanrate*	*Risk*	*Risk*	*Loanrate*	*Risk*	*Risk*	*Loanrate*	*Risk*
Five	-1.123 1 -1.078 9	0.863 7** -0.35	-1.017 7 -1.073 9	-2.957 5 -2.019 1	-0.48 -1.121 6	-3.096 1 -1.964 5	-2.262 （1.803）	0.159 （0.699）	-2.220 （1.797）	-7.425*** （2.750）	5.163* （2.802）	-5.682** （2.728）
Loanrate			-0.122 1 -0.125			-0.288 6 -0.288 6			-0.267* （0.158）			-0.338** （0.159）
State	-0.093 3*** （0.006 5）	-0.007 81*** （0.002 0）	-0.094 2*** （0.006 8）				-0.033 8*** （0.009 0）	0.017 0*** （0.004 5）	-0.029 3*** （0.008 8）	-0.064 2*** （0.010 7）	0.018 3* （0.009 4）	-0.058 1*** （0.009 8）
Age	-0.006 4 （0.022 3）	0.013 5* （0.007 2）	-0.004 7 （0.021 7）	-0.030 9 （0.050 9）	0.020 3 （0.020 6）	-0.025 0 （0.047 2）	0.000 2 （0.032 8）	-0.000 2 （0.013 8）	0.000 1 （0.032 4）	0.004 5 （0.042 8）	0.046 2 （0.032 8）	0.020 1 （0.041 1）
Macrisk	0.389* （0.231）	0.114 （0.071 8）	0.403* （0.231）	1.046* （0.624）	-0.047 9 （0.278）	1.032* （0.586）	-0.226 （0.425）	-0.350* （0.183）	-0.320 （0.448）	-1.454*** （0.497）	0.710 （0.440）	-1.214** （0.464）
Leverage	-0.008 4 （0.010 2）	0.007 61* （0.004 4）	-0.007 4 （0.010 1）	0.021 8 （0.023 3）	0.002 7 （0.012 8）	0.022 5 （0.023 6）	0.045 0** （0.020 5）	0.008 1 （0.008 4）	0.047 1** （0.020 6）	0.063 4** （0.026 2）	0.035 9** （0.015 2）	0.075 5*** （0.027 5）
Rpt	0.000 7 （0.001 7）	0.000 5 （0.001 0）	0.000 8 （0.001 7）	0.001 3 （0.002 8）	0.002 63** （0.001 0）	0.002 0 （0.002 7）	-0.000 8 （0.002 8）	0.001 3 （0.001 1）	-0.000 5 （0.002 7）	0.000 6 （0.006 6）	-0.002 7 （0.003 0）	-0.000 3 （0.007 2）
Recua	0.008 1 （0.012 4）	-0.001 6 （0.006 5）	0.007 9 （0.012 2）	-0.109** （0.051 3）	0.009 5 （0.021 6）	-0.107** （0.048 5）	-0.012 4 （0.030 6）	-0.003 4 （0.018 2）	-0.013 3 （0.028 8）	-0.140 （0.108）	0.097 1 （0.062 0）	-0.107 （0.101）
Z	0.000 6 （0.000 8）	-0.000 3 （0.000 3）	0.000 6 （0.000 8）	0.000 6 （0.001 6）	0.000 2 （0.001 0）	0.000 6 （0.001 6）	0.001 6 （0.001 3）	-0.000 3 （0.000 3）	0.001 5 （0.001 3）	-0.003 0* （0.001 8）	-0.003 7** （0.001 7）	-0.004 3*** （0.001 6）
Percash	-0.000 4 （0.000 7）	0.000 7** （0.000 3）	-0.000 3 （0.000 7）	-0.001 0 （0.001 4）	0.000 1 （0.001 0）	-0.001 0 （0.001 4）	-0.000 9 （0.001 3）	0.000 6 （0.000 4）	-0.000 7 （0.001 3）	-0.002 4 （0.002 4）	0.006 7** （0.002 7）	-0.000 2 （0.002 6）

表4.15（续）

变量名	国有银行			股份制银行			政策性银行			地方性银行		
	（1）	（2）	（3）	（4）	（5）	（6）	（7）	（8）	（9）	（10）	（11）	（12）
	Risk	*Loanrate*	*Risk*	*Risk*	*Loanrate*	*Risk*	*Risk*	*Loanrate*	*Risk*	*Risk*	*Loanrate*	*Risk*
Size	−0.002 9 （0.003 0）	0.000 6 （0.001 2）	−0.002 8 （0.003 0）	−0.011 3 （0.010 8）	0.000 4 （0.004 2）	−0.011 2 （0.010 3）	−0.014 7** （0.007 4）	−0.002 2 （0.003 0）	−0.015 2** （0.007 6）	−0.073 5*** （0.009 8）	0.017 5*** （0.006 4）	−0.067 6*** （0.009 9）
Tangible	0.002 5 （0.012 8）	0.003 0 （0.006 30）	0.002 9 （0.012 5）	0.020 6 （0.036 7）	0.014 1 （0.013 6）	0.024 6 （0.037 1）	0.065 2** （0.031 3）	0.021 4 （0.014 4）	0.070 9** （0.034 0）	0.260*** （0.095 4）	−0.136 （0.086 7）	0.215** （0.093 7）
Gsales	−0.002 2 （0.001 8）	0.000 2 （0.001 0）	−0.002 2 （0.001 8）	−0.003 3 （0.002 9）	−0.000 1 （0.001 8）	−0.003 4 （0.002 9）	−0.003 4 （0.002 6）	0.000 2 （0.001 3）	−0.003 4 （0.002 5）	0.024 2*** （0.006 6）	0.007 8 （0.004 8）	0.026 8*** （0.006 3）
Roe	−0.012 2 （0.019 5）	0.004 1 （0.003 9）	−0.011 7 （0.019 5）	−0.001 5 （0.018 4）	−0.030 4*** （0.008 3）	−0.010 3 （0.019 6）	0.028 0 （0.024 3）	0.006 4 （0.006 7）	0.029 8 （0.023 7）	−0.044 7 （0.054 8）	0.027 1** （0.011 2）	−0.035 5 （0.055 2）
Fs	−0.004 4 （0.014 3）	−0.002 2 （0.004 9）	−0.004 7 （0.014 3）	0.020 1 （0.027 1）	0.032 6 （0.021 2）	0.029 5 （0.030 0）	−0.024 7 （0.027 8）	0.022 4 （0.020 7）	−0.018 7 （0.028 3）	−0.417*** （0.094 7）	−0.127 （0.079 4）	−0.460*** （0.096 9）
Constant	0.222 （0.141）	−0.037 8 （0.047 4）	0.217 （0.140）	0.502 （0.406）	0.005 1 （0.162）	0.503 （0.383）	0.410 （0.311）	0.064 3 （0.105）	0.428 （0.312）	2.083*** （0.391）	−0.592* （0.336）	1.883*** （0.386）
Industry&Year	YES	YES	YES	YES	YES	YES	YES	YES	YES	YES	YES	YES
Observations	1 177	1 177	1 177	320	320	320	359	359	359	153	153	153
R−squared	0.062	0.25	0.063	0.315	0.406	0.33	0.095	0.264	0.1	0.852	0.546	0.86
Number of Stkcd	597	597	597	218	218	218	198	198	198	115	115	115

注：固定效应回归结果在企业层面进行了聚类调整，括号中的数字为稳健标准误。＊＊＊、＊＊、＊分别表示1%、5%、10%的显著性水平。

4.4.2 货币政策对不同类型企业风险承担的传导差异

在这一部分，我们根据所有权、技术类型和外部融资依赖程度的不同对样本企业进行划分，以检验企业的特质性差异所导致的不同货币政策传导效率。具体分类依据如下：根据企业的实际控制人性质，针对所有权，将样本企业划分为国有和非国有企业；针对技术类型，参照国家统计局的行业分类与《上市公司行业分类指引（2012 年修订）》，将医药制造业等 8 类行业分为高技术行业①，其他行业为非高技术行业；根据盛丹和王永进（2010）的研究，将行业依赖程度高于全国平均融资依赖程度的行业视为高依赖外部融资行业②。

表 4.16 至表 4.19 列出不同类型企业的回归结果。总体而言，企业的特质性差异会导致货币政策对企业风险承担的作用显著不同。在国有企业样本中，由于国有企业经理人大部分是通过科层组织的安排被任命为代理人，所以国有企业的经营投资决策会更多地从上级政府官员偏好，而非企业价值最大化的角度出发。因此，国有企业，尤其是过剩产能国有企业对外部货币政策和信贷条件反应不敏感。样本内所有国有企业的回归结果验证了这一点。我们进一步对非产能过剩国有企业样本进行了检验，发现了显著的银行监督中介效应。究其原因，我们认为一方面是由于国有企业与银行的长期合作关系降低了两者之间的信息不对称程度；另一方面，多年的国企改革使银行逐步以保证企业正常经营为目标（Shleifer et al., 1994；Gogel et al., 2008），银行监督成本较以往相对降低，所以银行逐渐开始发挥其风险监督作用。此外，由于非国有企业信息不对称的存在，银行对其的监督成本较之监督收益可能更高，导致银行对非国有企业贷款意愿较低，因此非国有企业易出现信贷受阻现象（Allen et al., 2005）——货币政策传导至非国有企业的效率受阻。

---

① 8 类行业为：医药制造业；航空航天制造业；计算机、电子及通信设备制造业；仪器仪表制造业；核燃料加工；化学品制造业；信息传输、软件和信息技术服务业；科学研究和技术服务业视为高新技术产业（张三保 等，2012）。

② 将《中国固定资产投资统计年鉴》中，各行业投资资金来源中除自筹资金以外的投资资金与总投资资金之比，视为对行业融资依赖的度量。

表 4.16 按所有权差异的分组检验

变量名	国有企业			国有 & 过剩产能=0			非国有企业		
	(1)	(2)	(3)	(4)	(5)	(6)	(7)	(8)	(9)
	Risk	*Loanrate*	*Risk*	*Risk*	*Loanrate*	*Risk*	*Risk*	*Loanrate*	*Risk*
Five	-1.127** (0.571 0)	0.699** (0.299 0)	-1.059* (0.570 0)	-1.597 7** (0.671 7)	0.943 3** (0.448 6)	-1.482 4** (0.670 6)	-1.787 0 (1.131 0)	0.005 1 (0.604 0)	-1.787 0 (1.127 0)
Loanrate			-0.097 4 (0.067 4)			-0.122 3* (0.070 3)			-0.098 6 (0.115 0)
Age	0.006 8 (0.010 4)	0.004 7 (0.008 0)	0.007 2 (0.010 3)	-0.009 0 (0.013 6)	0.012 0 (0.013 3)	-0.007 5 (0.013 6)	-0.026 0 (0.020 4)	-0.007 5 (0.011 8)	-0.026 8 (0.020 5)
Macrisk	0.354** (0.144 0)	0.061 0 (0.087 1)	0.360** (0.144 0)	0.198 9 (0.174 0)	0.047 0 (0.124 7)	0.203 6 (0.174 2)	0.440 0 (0.273 0)	-0.050 5 (0.131 0)	0.435 0 (0.272 0)
Leverage	0.015 5 (0.011 7)	0.011 3*** (0.003 8)	0.016 7 (0.011 9)	-0.002 1 (0.010 2)	0.012 4*** (0.004 7)	-0.000 5 (0.010 3)	0.006 7 (0.013 0)	0.003 9 (0.006 9)	0.007 1 (0.012 9)
Rpt	0.000 6 (0.001 8)	0.000 3 (0.000 7)	0.000 6 (0.001 7)	0.003 6* (0.001 8)	-0.000 8 (0.000 9)	0.003 5* (0.001 8)	0.003 0** (0.001 4)	0.002 1* (0.001 2)	0.003 2** (0.001 5)
Recua	-0.002 5 (0.012 2)	-0.001 1 (0.007 8)	-0.002 6 (0.011 9)	-0.009 1 (0.012 6)	0.000 2 (0.008 3)	-0.009 1 (0.012 3)	-0.007 8 (0.029 5)	-0.001 0 (0.016 0)	-0.007 9 (0.029 9)
Z	0.000 2 (0.000 5)	-0.000 3 (0.000 2)	0.000 2 (0.000 5)	0.000 4 (0.000 6)	-0.000 3 (0.000 3)	0.000 4 (0.000 6)	0.000 3 (0.000 8)	-0.000 4 (0.000 4)	0.000 3 (0.000 8)
Percash	0.000 0 (0.000 5)	0.000 4* (0.000 2)	0.000 1 (0.000 5)	-0.000 0 (0.000 7)	0.000 6* (0.000 3)	0.000 0 (0.000 7)	-0.000 8 (0.000 7)	0.000 5 (0.000 7)	-0.000 7 (0.000 7)

表4.16（续）

变量名	国有企业			国有 & 过剩产能=0			非国有企业		
	（1）	（2）	（3）	（4）	（5）	（6）	（7）	（8）	（9）
	Risk	*Loanrate*	*Risk*	*Risk*	*Loanrate*	*Risk*	*Risk*	*Loanrate*	*Risk*
Size	−0.007 4** （0.003 3）	−0.000 4 （0.001 2）	−0.007 5** （0.003 2）	−0.005 8* （0.003 1）	−0.001 0 （0.001 5）	−0.005 9* （0.003 1）	−0.004 3 （0.005 8）	0.000 2 （0.002 7）	−0.004 3 （0.005 8）
Tangible	−0.006 4 （0.011 5）	−0.006 1 （0.005 8）	−0.007 0 （0.011 4）	0.003 7 （0.011 4）	−0.006 5 （0.006 9）	0.002 9 （0.011 1）	−0.013 1 （0.018 9）	0.016 7 （0.014 0）	−0.011 4 （0.019 3）
Gsales	−0.002 2* （0.001 3）	−0.000 2 （0.000 7）	−0.002 2* （0.001 2）	−0.001 8 （0.001 4）	−0.000 6 （0.000 8）	−0.001 9 （0.001 3）	0.000 9 （0.002 1）	0.000 8 （0.001 2）	0.000 9 （0.002 2）
Roe	−0.001 9 （0.012 7）	0.000 3 （0.003 9）	−0.001 9 （0.012 7）	−0.007 4 （0.018 1）	−0.003 4 （0.004 9）	−0.007 8 （0.018 0）	0.010 8 （0.014 1）	−0.005 5 （0.005 7）	0.010 2 （0.014 1）
Fs	0.003 5 （0.011 0）	0.012 5** （0.005 3）	0.004 7 （0.011 0）	−0.005 0 （0.013 8）	0.009 9 （0.007 3）	−0.003 8 （0.013 7）	0.040 0 （0.025 4）	0.010 5 （0.009 9）	0.041 1 （0.025 5）
Constant	0.233** （0.096 3）	0.014 7 （0.043 9）	0.234** （0.096 2）	0.269** （0.108 3）	−0.002 1 （0.060 8）	0.268 9** （0.107 5）	0.279 0 （0.197 0）	0.071 2 （0.096 4）	0.286 0 （0.198 0）
Ind. &Year	YES	YES	YES	YES	YES	YES	YES	YES	YES
Observations	1 602	1 602	1 602	1 185	1 185	1 185	898	898	898
Adj. R^2	0.022	0.231	0.024	0.025	0.212	0.028	0.056	0.141	0.058
No. of Stkcd	536	536	536	416	416	416	390	390	390

注：固定效应回归结果在企业层面进行了聚类调整，括号中的数字为稳健标准误，***、**、*分别表示1%、5%、10%的显著性水平。

高技术型企业常具有生产创新性强、风险性高（Hsu et al., 2014），抵押品资产价值不足的特点，因此银行很难通过事前的贷款审核等措施减少与这类企业间的信息不对称问题（Brown et al., 2009）。针对上述高技术型企业贷款的特点，银行通常会加强对该类企业的监督，以降低其违约概率，进而保证自身的期望收益。表 4.16 给出的实证结果也证实了这点。相比而言，银行对非高技术型企业不存在显著的监督动机，原因可能是这类企业风险承担水平与高技术型企业相比较低①，本身更倾向于选择更加稳健的投资策略。相较于对外部融资高依赖型企业监督激励的缺乏，银行对外部融资低依赖型企业有显著的监督效应。这是由于低依赖型企业的融资约束效应较强，基准利率的改变会给该类企业的机会成本造成大幅波动，进而导致该类企业的风险承担意愿敏感性增强，因此银行会加强对其风险承担行为的监督。

表 4.17　按技术类型差异的分组检验

变量名	高技术型企业			非高技术型企业		
	(1)	(2)	(3)	(4)	(5)	(6)
	Risk	*Loanrate*	*Risk*	*Risk*	*Loanrate*	*Risk*
Five	-3.206* (1.936)	1.508* (0.907)	-2.798 (1.848)	-1.274*** (0.488)	0.305 (0.283)	-1.262** (0.490)
Loanrate			-0.271** (0.121)			-0.039 3 (0.056 2)
Age	-0.029 3 (0.038 4)	0.016 5 (0.016 2)	-0.024 9 (0.036 0)	-0.001 1 (0.008 5)	-0.001 6 (0.006 8)	-0.001 1 (0.008 5)
Macrisk	0.350 (0.423)	0.159 (0.141)	0.393 (0.413)	0.315*** (0.112)	0.020 9 (0.076 1)	0.316*** (0.111)
Leverage	-0.020 5 (0.018 8)	0.006 6 (0.008 4)	-0.018 7 (0.018 8)	0.020 6** (0.010 0)	0.009 7*** (0.003 6)	0.021 0** (0.010 1)
Rpt	0.003 1 (0.002 2)	0.000 4 (0.001 0)	0.003 2 (0.002 1)	0.000 5 (0.001 5)	0.001 0 (0.000 8)	0.000 5 (0.001 5)
Recua	-0.045 9 (0.040 9)	-0.032 8* (0.018 7)	-0.054 8 (0.037 7)	-0.004 4 (0.011 2)	0.001 9 (0.007 9)	-0.004 3 (0.011 1)
Z	0.001 9 (0.001 6)	0.000 4 (0.000 6)	0.002 0 (0.001 6)	0.000 5 (0.000 5)	-0.000 4* (0.000 2)	0.000 5 (0.000 5)
Percash	-0.002 1 (0.001 7)	-0.001 2 (0.001 3)	-0.002 4 (0.001 6)	-0.000 3 (0.000 5)	0.000 6*** (0.000 2)	-0.000 3 (0.000 5)

① 高技术型企业风险承担水平 Mean（risk）= 0.024，非高技术型企业 Mean（risk）= 0.018，高依赖外部融资企业 Mean（risk）= 0.015，非高依赖外部融资企业 Mean（risk）= 0.021。

表4.17(续)

变量名	高技术型企业			非高技术型企业		
	(1)	(2)	(3)	(4)	(5)	(6)
	Risk	*Loanrate*	*Risk*	*Risk*	*Loanrate*	*Risk*
Size	-0.012 6 (0.008 5)	0.002 21 (0.002 8)	-0.012 0 (0.008 4)	-0.006 9** (0.002 7)	-0.000 665 (0.001 3)	-0.006 9** (0.002 8)
Tangible	0.026 8 (0.036 5)	0.002 5 (0.014 9)	0.027 5 (0.036 2)	-0.009 5 (0.009 6)	0.001 3 (0.005 9)	-0.009 4 (0.009 6)
Gsales	-0.007 3** (0.003 6)	-0.000 3 (0.001 8)	-0.007 3** (0.003 7)	-0.000 7 (0.001 2)	0.000 2 (0.000 7)	-0.000 7 (0.001 2)
Roe	-0.010 7 (0.034 2)	-0.019 8** (0.008 2)	-0.016 0 (0.034 5)	0.000 1 (0.009 2)	0.002 4 (0.003 3)	0.000 2 (0.009 2)
Fs	-0.040 3 (0.037 4)	0.012 1 (0.015 3)	-0.037 0 (0.035 2)	0.016 9 (0.010 8)	0.010 9** (0.005 0)	0.017 3 (0.010 8)
Constant	0.557* (0.296)	-0.143 (0.125)	0.518* (0.285)	0.242*** (0.079 8)	0.063 6 (0.043 3)	0.244*** (0.080 1)
Industry&Year	YES	YES	YES	YES	YES	YES
Observations	545	545	545	1 955	1 955	1 955
Adj. R^2	0.076	0.153	0.090	0.032	0.214	0.032
Number of Stkcd	235	235	235	717	717	717

注：固定效应回归结果在企业层面进行了聚类调整，括号中的数字为稳健标准误，＊＊＊、＊＊、＊分别表示1%、5%、10%的显著性水平。

表4.18　按对外部融资依赖差异的分组检验

变量名	高依赖外部融资企业			非高依赖外部融资企业		
	(1)	(2)	(3)	(4)	(5)	(6)
	Risk	*Loanrate*	*Risk*	*Risk*	*Loanrate*	*Risk*
Five	-2.724** (1.212 0)	0.363 0 (0.580 0)	-2.723** (1.216 0)	-1.062* (0.643 0)	0.845*** (0.298 0)	-0.951 0 (0.643 0)
Loanrate			-0.003 8 (0.087 2)			-0.131* (0.073 0)
Age	-0.044 7 (0.030 5)	0.011 8 (0.014 2)	-0.044 6 (0.030 7)	0.003 4 (0.010 2)	0.005 0 (0.006 8)	0.004 1 (0.010 1)
Macrisk	-0.139 0 (0.246 0)	0.013 6 (0.154 0)	-0.139 0 (0.246 0)	0.411*** (0.151 0)	0.077 8 (0.078 2)	0.421*** (0.151 0)
Leverage	0.003 0 (0.010 3)	0.011 4 (0.007 8)	0.003 1 (0.010 5)	0.019 3* (0.010 8)	0.007 1* (0.003 6)	0.020 2* (0.010 8)
Rpt	0.002 8* (0.001 5)	-0.000 6 (0.001 4)	0.002 8* (0.001 5)	0.000 9 (0.001 4)	0.001 1* (0.000 6)	0.001 0 (0.001 4)

表4.18(续)

变量名	高依赖外部融资企业			非高依赖外部融资企业		
	(1)	(2)	(3)	(4)	(5)	(6)
	Risk	*Loanrate*	*Risk*	*Risk*	*Loanrate*	*Risk*
Recua	0.011 2 (0.012 5)	0.011 9 (0.010 7)	0.011 3 (0.012 3)	-0.016 4 (0.015 9)	-0.012 7 (0.010 2)	-0.018 1 (0.015 2)
z	0.000 3 (0.000 6)	0.000 2 (0.000 4)	0.000 3 (0.000 6)	0.000 4 (0.000 6)	-0.000 3 (0.000 2)	0.000 3 (0.000 6)
Percash	0.000 1 (0.000 6)	0.000 0 (0.000 5)	0.000 1 (0.000 6)	-0.000 4 (0.000 6)	0.000 5* (0.000 3)	-0.000 3 (0.000 6)
Size	-0.009 4*** (0.003 6)	0.000 1 (0.002 1)	-0.009 4*** (0.003 6)	-0.006 5* (0.003 6)	0.000 5 (0.001 4)	-0.006 4* (0.003 6)
Tangible	-0.017 2 (0.011 4)	0.000 2 (0.007 2)	-0.017 2 (0.011 4)	-0.004 8 (0.014 6)	0.003 7 (0.007 9)	-0.004 3 (0.014 6)
Gsales	-0.002 3* (0.001 2)	-0.000 9 (0.001 2)	-0.002 3* (0.001 2)	-0.000 6 (0.001 5)	0.000 3 (0.000 7)	-0.000 5 (0.001 5)
Roe	0.004 9 (0.014 5)	-0.006 6 (0.007 2)	0.004 9 (0.014 6)	0.000 4 (0.011 6)	-0.004 5 (0.003 8)	-0.000 2 (0.011 7)
Fs	0.023 4 (0.019 1)	-0.009 6 (0.009 5)	0.023 4 (0.018 9)	0.008 1 (0.014 7)	0.014 6** (0.005 9)	0.010 0 (0.014 7)
Constant	0.514*** (0.173 0)	0.000 5 (0.084 4)	0.514*** (0.173 0)	0.209* (0.109 0)	-0.020 1 (0.045 5)	0.206* (0.109 0)
Industry&Year	YES	YES	YES	YES	YES	YES
Observations	476	476	476	2 024	2 024	2 024
Adj. R^2	0.138	0.254	0.136	0.018	0.19	0.021
Number of Stkcd	170	170	170	772	772	772

注：固定效应回归结果在企业层面进行了聚类调整，括号中的数字为稳健标准误，＊＊＊、＊＊、＊分别表示1%、5%、10%的显著性水平。

4.4.3 不同所有制企业的差异来源

现实中，中国企业的所有权异质性差异一直是学者们研究的重点，这也是中国企业所具有的基本特征。通过对表4.16的回归结果分析，我们知道国有企业与非国有企业在货币政策的传导过程中存在差异性。那么，接下来，我们针对中国企业所具有的这一差异进行深入研究，探讨差异的来源。

一方面，根据政治观，企业的所有制特性会导致非国有企业的风险承担有别于国有企业（余明桂 等，2013b）。这是因为，国有企业存在明显的剩余索取权和剩余控制权不匹配问题。国有企业的经理者通过科层组织的安排任命，成为全体公民的代理人，任期短，导致国有企业经理者的投资决策行为更多地从上级政府官员偏好出发（Shleifer et al.，1994；黄速建 等，2006；Fogel et al.，2008）。这样一来，国有企业经理者为了寻求政绩目标常选择投资于收益周期短、风险小的项目，降低了对 NPV 为正的创新项目的投资偏好，不利于企业长期价值增长（吴延兵，2012）。Shleifer（1998）进一步证实了当所有权属性为国有时，企业经理者对创新投资意愿的缺乏。创新不同于一般生产项目，具有不确定性、长期性、风险性的特殊属性，创新的过程常伴随更高的失败概率，所以从事创新投资的经理者需要承担更高风险。那么，企业将如何提高自身创新效率？吴延兵（2012）指出，通过实施股权激励使经营者分享创新投资所带来的长期利益，才是提升经营者创新激励的有效方式。但国有企业由于其公有产权属性，这从理论上决定了国有企业无法采取与非国有企业一致的做法，即将所有权让渡给企业经营者（Krueger，1990）。因此，非国有企业通过股权激励有效实现了经营者剩余索取权和剩余控制权的回报，使经营者增大承担风险高但 NPV 为正的投资项目意愿，决定提升风险承担水平。

另一方面，根据资源禀赋论，不同所有制企业也存在差异。企业风险承担是一项资源消耗性活动（Almeida et al.，2007；张敏 等，2015），若无法获取持续性资源支持，企业将面临较大的资源约束，继而投资失败概率上升，投资效率下降（连玉君 等，2009），所以，企业的资源禀赋和资源获取可得性将会对企业风险承担产生重要影响（张敏 等，2015）。银行贷款是企业长期投资的主要来源，一般而言银企关系程度、企业禀赋特征都会对企业融资成本和融资规模产生作用。国有企业因具有政府隐性担保和人力资本等潜在优势，可降低银企间信息不对称程度，非国有企业需要通过增强信用等级、资产规模、偿债能力、盈利能力等禀赋效应以提升信息透明度，缓解融资约束（白俊 等，2012）。鉴于现有研究样本均选自上市企业，非国有企业的资产回报率、盈利能力等禀赋较国有企业一般更强（白俊 等，2012），所以非国有企业风险承担水平更高（李文贵 等，2012；余明桂 等，2013b）。

通过上述分析，产生了一个有待确定的问题：非国有企业与国有企业之间的风险承担差异到底是源于所有制特性还是禀赋差异？

4.4.3.1 样本选择与模型设计

（1）数据来源

本书以 2007—2015 年中国 A 股非金融类上市公司为研究对象，企业特征数据选自 CSMAR 数据库，宏观数据选自 Wind 数据库。在样本选择过程中，我们按照如下步骤进行筛选：①通过沪深 A 股上市公司年报附注中的披露，人工收集上市公司的长期借款数据，包括贷款银行家数、贷款方式等关键变量；②剔除研究期间内相关数据缺失的样本；③以每三年为一个观测期，滚动计算企业的风险承担水平，并剔除每一观测期内上市公司实际控制人发生变更的样本；④剔除 ST 股、PT 股。最终本书共获得 3 149 个有效样本，为了保证研究结果的稳健性，我们对连续型财务数据在 1%和 99%的水平上进行缩尾处理。

（2）实证方法与模型设计

由于本节研究目的是不同所有制企业的风险承担差异来源，所以我们参考 Blinder-Oaxaca 和 Cotton 回归分解模型中的二分法（Blinder，1973；Oaxaca，1973；Cotton，1988；Jann，2008）对所有制企业的风险承担差异进行分解。该方法适用于具有不同性质的两组样本，将不同性质两组样本的被解释变量的平均差异分解为特征差异和系数差异两部分：特征差异由解释变量的不同特征值解释，系数差异是两组样本间性质的不同所导致的差异。鉴于此，本书按所有制性质将总样本区分为非国有企业和国有企业，根据 Blinder-Oaxaca 和 Cotton 的方法进行混合 OLS 回归估计，并控制时间和行业效应（Jann，2008）。

首先，研究不同所有制企业的风险承担是否存在显著差异。建立模型如下：

$$Risk_{it} = \beta_0 + \beta_1 Nstate + \varepsilon_{it} \tag{4.10}$$

$$Risk_{it} = \beta_0 + \beta_1 Nstate + \beta_2 X'_{it-1} + \varepsilon_{it} \tag{4.11}$$

式中，X 为所有解释变量，包括企业禀赋特征和外部市场环境，对企业层面财务禀赋特征变量滞后一期可以控制可能产生的内生性问题。

其次，进行分组样本回归，使用相同的解释变量分别对非国有、国有两组样本建立风险承担模型：

$$Risk_{it} = \beta_0 + \beta_1 X'_{it-1} + \varepsilon_{it}, \ i \in \{l, j\} \tag{4.12}$$

模型（4.12）中的 l 表示非国有企业，j 表示国有企业。

最后，对平均风险承担差异进行分解：

$$\bar{Risk}_{lt} - \bar{Risk}_{jt} = \hat{\beta}_l \bar{X}_{lt-1}' - \hat{\beta}_J \bar{X}_{Jt-1}'$$

$$= \hat{\beta} * (\bar{X}_{lt-1}' - \bar{X}_{Jt-1}') + \bar{X}_{lt-1}'(\hat{\beta}_l - \hat{\beta} *) + \bar{X}_{Jt-1}'(\hat{\beta} * - \hat{\beta}_J) \tag{4.13}$$

由于 Blinder-Oaxaca 分解存在“指数”选择问题，当分别选择国有组和非国有组为权重时会出现不一致的分解结果，因此 Cotton（1988）对此问题提出采用两组回归系数的加权平均值作为权重以解决指数选择带来的偏误问题。$\hat{\beta}*$ 是根据 Cotton（1998）计算的新权重，等价于 $\frac{n_l}{n_l+n_j}\hat{\beta_l}+\frac{n_j}{n_l+n_j}\hat{\beta_j}$，$\hat{\beta}^*(\bar{X}_{lt-1}'-\bar{X}_{Jt-1}')$ 是新的特征差异，$\bar{X}_{lt-1}'(\hat{\beta_l}-\hat{\beta}*)+\bar{X}_{Jt-1}'(\hat{\beta}^*-\hat{\beta_J})$ 是由回归系数作为解释力的新系数差异，其揭示了特征值无法解释的部分。由此，通过 Blinder-Oaxaca 和 Cotton 的分解，则分别得到相关因素差异对所有制企业风险承担总差异的贡献。

（3）变量选择

在参考 4.3.3 部分变量选择的基础之上，本节考虑到研究目的是深入探讨所有制企业的差异，为了更明确地对比企业禀赋特征因素和所有制特性因素的贡献，区分禀赋差异和所有制特性，我们新加入了两类控制变量。一类变量是企业贷款银行数量（*Relation*），加入此类变量是因为一些学者认为，随着银行业竞争水平的提高，银行业对企业贷款利率会有所下调，有助于企业降低融资成本，从而提高风险承担水平（尹志超 等，2015）。目前，大部分文献常用赫芬达尔—赫希曼指数（HHI）衡量银行业竞争水平（Agostino et al.，2012）。本书选择以企业贷款银行数量作为对银行业市场环境的衡量，这是因为：一方面，我国信贷市场发展水平不足，企业在贷款银行的抉择上更多表现为被动，因此贷款银行数量从一定程度上反映了银行业的竞争水平（尹志超 等，2015）；另一方面，企业贷款银行数量（*Relation*）体现出银企的关系（Geršl et al.，2010），当贷款银行数量增加时，企业面临的贷款融资约束也有所下降，这有利于企业按照市场化经营目标改变风险承担意愿。另一类变量是企业融资担保方式，由于我国的金融结构是银行主导型金融结构，企业融资渠道主要源自银行贷款，担保方式的不同对企业融资成本和可得性会具有影响，所以加入抵押、质押、信用和保证四种方式（罗荣华 等，2014）。

（4）描述性统计

表 4.19 是所有变量的全样本描述性统计，表 4.20 则根据非国有、国有分组进行描述性统计结果报告。结果显示，非国有企业风险承担显著高于国有企业，说明不同所有制企业间风险承担确实存在显著差异。首先，从企业部分禀赋特征来看，国有企业在资产规模、债务担保能力、信用状况等“硬”信息禀赋特征上的均值皆显著高于非国有企业，表明国有企业的“硬”性条件优

于非国有企业。其次，就银企关系而言，由于国有企业具有政府的隐性担保，所以其具有更强的信贷资源优势，表现为与更多银行签订贷款合同且获得更多贷款资金，因此国有企业财务杠杆率显著上升。最后，在企业成长能力、股东权益报酬率等方面，虽然两部门间差异不显著，但非国有企业的资产回报率高于国有企业①。值得注意的是，国有企业整体的标准差比非国有企业更大。这说明，总体而言，国有企业虽比非国有企业拥有更强的“硬”实力，但面临同样冲击时，国有企业抵抗力更弱，经营效率更低，所以国有企业可能出于稳定政绩等因素的考虑选择承担更低水平的风险项目。

表 4.19　主要变量的描述性统计

变量名	变量定义	均值	标准差	最小值	最大值
Risk	企业风险承担	0.019 4	0.021 2	0.000 2	0.232 0
Rate	1 年内加权贷款基准利率	0.061 5	0.004 3	0.053 1	0.071 7
Macrisk	以 1978 年为基期的 GDP 增长率波动值	0.007 9	0.005 5	0.003 0	0.027 2
State	虚拟变量，非国有 = 1，否则为 0	0.352 2	0.477 7	0	1
Relation	本年度向企业提供贷款的银行数量	5.182 0	4.467 9	1	68
Age	企业年龄的自然对数	2.636 8	0.370 5	1.386 3	3.218 9
Leverage	上年年末的负债总额/上年总资产	0.557 0	0.162 3	0.066 6	0.947 8
Rpt	上一年关联交易总额/上年总资产	0.338 6	0.435 4	0.000 3	3.282 9
Recua	上年年末其他应收款/上年流动资产	0.039 2	0.050 0	0.000 9	0.283 3
Z	上年年末修正后 Altman 的 *Z* 值	18.129 8	4.028 1	7.388 1	46.514 2

① 资产回报率（*Roa*）显示，国有企业均值为 0.037 3，非国有企业均值为 0.044 9，两者的差异 *t* 值为 4.606 7，在 1%的水平上显著。

表4.19(续)

变量名	变量定义	均值	标准差	最小值	最大值
Percash	上年年末每股经营现金流	0.878 4	2.014 8	-3.719 9	11.453 3
Size	上年年末总资产的自然对数	22.649 9	1.280 8	20.561 0	26.528 5
Tangible	上年年末有形资产总额/上年总资产	0.930 1	0.075 0	0.600 6	1
Gsales	上年年末营业收入增长率	0.226 7	0.355 4	-0.386 3	2.078 9
Roe	上年年末股东权益报酬率	0.095 2	0.090 3	-0.207 8	0.388 2
Fs	上年年末第一大股东持股比例	0.368 4	0.157 2	0.088 0	0.770 2
Mortgage	是否有抵押借款，是=1，否则为0	0.142 6	0.349 7	0	1
Pledge	是否有质押借款，是=1，否则为0	0.088 6	0.284 2	0	1
Credit	是否有信用借款，是=1，否则为0	0.093 7	0.291 4	0	1
Guarantee	是否有保证借款，是=1，否则为0	0.139 4	0.346 4	0	1

表 4.20 按所有制分类的各变量描述性统计

变量名	非国有企业				国有企业				非国有企业与国有企业的均值检验
	均值	标准差	最小值	最大值	均值	标准差	最小值	最大值	
Risk	0.021 7	0.023 9	0.000 4	0.207 7	0.018 1	0.019 3	0.000 2	0.232 0	0.003 6*** (4.642 4)
Rate	0.061 6	0.003 9	0.053 1	0.071 7	0.061 5	0.004 6	0.053 1	0.071 7	0.000 1 (0.204 6)
Macrisk	0.007 2	0.004 8	0.003 0	0.027 2	0.008 2	0.005 8	0.003 0	0.027 2	−0.001 0*** (−4.682 9)
Relation	4.636 6	4.514 6	1	49	5.478 4	4.415 2	1	68	−0.841 8*** (−5.070 0)
Age	2.584 3	0.398 3	1.386 3	3.218 9	2.665 4	0.351 4	1.386 3	3.218 9	−0.081 1*** (−5.899 6)
Lev	0.503 5	0.156 3	0.066 6	0.947 8	0.586 1	0.158 1	0.092 5	0.905 8	−0.082 6*** (−14.061 9)
Rpt	0.308 0	0.429 2	0.000 3	3.282 9	0.355 2	0.438 0	0.000 3	3.282 9	−0.047 2*** (−2.908 9)
Recua	0.033 7	0.045 7	0.000 9	0.283 3	0.042 2	0.052 0	0.000 9	0.283 3	−0.008 5*** (−4.548 7)
Z	17.097 3	3.072 4	7.388 1	35.460 9	18.691 0	4.362 9	7.388 1	46.514 2	−1.593 7*** (−10.795 4)

表4.20（续）

变量名	非国有企业				国有企业				非国有企业与国有企业的均值检验
	均值	标准差	最小值	最大值	均值	标准差	最小值	最大值	
Percash	0.575 5	1.552 5	-3.719 9	11.453 3	1.043 1	2.209 2	-3.719 9	11.453 3	-0.467 5*** （-6.257 0）
Size	22.063 5	0.885 1	20.561 0	25.400 3	22.968 7	1.348 5	20.561 0	26.528 5	-0.905 1*** （-20.119 8）
Tangible	0.931 9	0.066 7	0.600 6	1	0.929 1	0.079 1	0.600 6	1	0.002 8 （1.005 1）
Igrowth	0.226 6	0.360 0	-0.386 3	2.078 9	0.226 8	0.352 9	-0.386 3	2.078 9	-0.000 2 （-0.015 2）
Roe	0.095 7	0.084 8	-0.207 8	0.388 2	0.094 9	0.093 2	-0.207 8	0.388 2	0.000 8 （0.244 6）
Fs	0.334 4	0.147 1	0.088 0	0.770 2	0.386 9	0.159 5	0.088 0	0.770 2	-0.052 6*** （-9.076 5）
Mortgage	0.132 6	0.339 2	0	1	0.148 0	0.355 2	0	1	-0.015 5 （-1.187 1）
Pledge	0.063 1	0.243 3	0	1	0.102 5	0.303 3	0	1	-0.039 3*** （-3.716 8）
Credit	0.069 4	0.254 3	0	1	0.106 9	0.309 0	0	1	-0.037 4*** （-3.448 6）
Guarantee	0.102 8	0.303 8	0	1	0.159 3	0.366 1	0	1	-0.056 5*** （-4.385 6）

注：均值检验项括号内为 t 值。＊＊＊表示1%的显著性水平。

4.4.3.2 实证结果与分析

(1) 风险承担回归

首先，我们按照模型（4.10）和模型（4.11）进行第一步回归估计，验证所有权是否会对企业的风险承担产生显著影响。回归结果如表4.21所示，企业的所有权属性（*State*）对风险承担具有显著正向影响。这与表4.20所有制企业的主要变量描述性统计中*Risk*的结果一致，即非国有企业的风险承担水平显著高于国有企业的风险承担水平。

表4.21 企业风险承担模型

变量名	(1)	(2)
	Risk	*Risk*
Rate		-0.499 8* (0.301 0)
Macrisk		0.410 3*** (0.094 9)
State	0.002 8*** (0.000 9)	0.001 6* (0.000 9)
Relation		0.000 2* (0.000 1)
Age		0.001 0 (0.001 1)
Leverage		-0.005 2 (0.003 4)
Rpt		0.003 9*** (0.001 0)
Recua		-0.006 4 (0.007 1)
Z		0.000 4** (0.000 2)
Percash		-0.000 4 (0.000 3)
Size		-0.002 5*** (0.000 4)
Tangible		0.008 1 (0.005 5)

表4.21(续)

变量名	(1)	(2)
	Risk	*Risk*
Gsales		0.000 1 (0.001 3)
Roe		-0.005 2 (0.006 6)
Fs		0.001 2 (0.002 5)
Mortgage		0.000 2 (0.001 3)
Pledge		-0.000 8 (0.001 4)
Credit		0.003 3* (0.001 7)
Guarantee		0.000 8 (0.001 3)
Constant	0.039 7*** (0.004 33)	0.097 8*** (0.103)
Industry&Year	YES	YES
Observations	3 149	3 149
Adj. R^2	0.045	0.063

注：混合回归估计括号中的数字为稳健标准误，***、**、*分别表示1%、5%、10%的显著性水平。

其次，我们从企业禀赋特征以及外部市场环境两方面分别对企业层面加以控制，以防其他因素对上述所有权属性与企业风险承担的关系产生干扰。根据模型（4.11）回归结果，在加入其他控制变量的基础上，上述结果未发生实质性变化。这说明，在我国银行主导型金融体系环境下，相较于非国有企业，国有企业可能由于政治观等因素的存在，风险承担水平确实普遍更低。

就企业禀赋而言，企业禀赋特征对风险承担水平具有举足轻重的影响。表4.21中企业关联交易占比（*Rpt*）、修正后的Altman的*Z*值、企业总资产规模（*Size*）以及企业是否获得信用贷款（*Credit*）均值得关注。*Rpt*衡量企业的道德风险，道德风险增大，刺激经理人使其冒险的动机增强，*Rpt*与企业风险承担在1%的水平上表现出显著正向关系。修正后的Altman的*Z*值用以衡量企业信用，该值增加意味着企业违约损失率降低，一方面有助于企业获取银行更多信贷支持，另一方面有利于企业降低借贷成本，因此企业风险承担意愿上升。规模效应在 1%的水平上对风险承担产生负向影响，这意味着规模越大，越激励企业追求稳定投资策略以避免破产清算，因此风险承担水平下降（Low，2009；张敏 等，2015）。此外，在不同贷款方式中，信用贷款可显著提升企业风险承担水平，这与尹志超等（2015）的结论相一致。

就外部市场环境而言，表 4. 21 显示货币政策冲击、宏观风险皆对企业的风险承担水平具有显著影响，这表明企业的发展离不开外部社会环境的稳定，纳入外部冲击再探讨风险承担差异的由来更具可靠性和科学性。货币政策（*Rate*）与企业风险承担在 10%的水平上呈负相关，证明宽松型货币政策会提高企业风险承担水平，该结论与周彬蕊等（2017）的结论一致。宏观风险（*Macrisk*）在 1%的水平上对企业风险承担产生显著正向影响，与 Acharya 等（2011）的实证研究一致，验证了企业的投资决策行为与市场宏观经济走向间的紧密关联。增加企业贷款银行数量（*Relation*），企业风险承担水平随之提高。这主要有以下两方面原因：一是银行数量的增加有效降低企业融资约束；二是银行数量的增加表示信贷市场上银行业竞争水平提高，有利于降低企业借贷成本。所以，最终激励企业寻求更多风险高但 NPV 为正的投资机会，进而提升企业风险承担水平。

（2）风险承担差异

上一部分我们研究了企业所有权属性、外部市场环境和企业禀赋特征对企业风险承担的影响，接下来，为了考察国有和非国有企业二者间的风险承担差异，我们将对其风险承担分别进行估计。结果如表 4. 22 所示。

对比结果，有以下差异。第一，关联交易占比、总资产规模在国有和非国有企业中均对企业风险承担产生一致影响，但抵押贷款方式对非国有企业的影响却明显有别于国有企业，且差异显著。第二，贷款方式在非国有企业中对企业风险承担的决定具有显著性影响，但在国有企业中总体影响不显著，即使具有敏感性的抵押贷款方式也仅在 10%的水平上发挥作用。这表明，整体而言，国有企业因政府隐性担保的存在并未受银行实质性融资约束影响，因此贷款方式的不同并未使国有企业风险承担产生本质改变。相较之下，非国有企业常由于信贷融资约束较大，所以对贷款方式的不同更敏感。结果表明，抵押、质押类贷款使非国有企业降低风险承担水平，信用、保证类贷款则反之使非国有企业提高风险承担水平。贷款方式不同导致的结果差异，是因为非国有企业样本中的74.5%来自高技术型企业[①]，高技术型企业常参与创新性强、风险性高的项目（Hsu et al.，2014），生产的无形资产不具备银行抵押、质押贷款条件，因此高技术型企业资产状况难以量化，易缺乏有效资金支持，不利于其参与高风险创新型投资项目，但信用、保证贷款不需要具体实物资产作抵押，故而更有利于其创新投资。第三，外部市场环境对不同所有制企业影响不一致。由于国有企业与银行关系更为紧密，所以货币政策通过银行体系的传导对国有企业产生显著影响，非国有企业因投资经营更趋市场化，所以其风险承担受宏观经济波动影响更大。

表4.22　风险承担差异回归

变量名	非国有企业	国有企业	回归系数差异比较
	Risk	*Risk*	
Rate	−0.047 2 (0.572 0)	−0.818 7** (0.334 4)	0.771 5 (0.244 3)
Macrisk	0.636 7*** (0.204 9)	0.374 6*** (0.104 1)	0.262 1 (0.254 3)
Relation	0.000 1 (0.000 1)	0.000 2** (0.000 1)	−0.000 1 (0.376 4)
Age	0.001 5 (0.001 6)	0.001 0 (0.001 5)	0.000 5 (0.816 4)
Lev	−0.006 2 (0.007 1)	−0.000 04 (0.003 3)	−0.006 2 (0.429 7)
Rpt	0.003 4* (0.001 8)	0.004 5*** (0.001 2)	−0.001 1 (0.600 1)
Recua	−0.018 6 (0.013 2)	0.003 4 (0.008 6)	−0.089 4 (0.163 6)
Z	0.000 6 (0.000 5)	0.000 4** (0.000 2)	0.000 2 (0.785 1)
Percash	−0.001 1 (0.000 7)	−0.000 3 (0.000 3)	−0.000 8 (0.296 5)

① 根据李文贵、余明桂（2012）及《上市公司行业分类指引（2012年修订）》，本书将制造业、信息技术业、科学研究和技术服务业视为高新技术产业，在非国有1 109个样本中，共计得高技术型企业样本量为826个。

表4.22(续)

变量名	非国有企业	国有企业	回归系数差异比较
	Risk	*Risk*	
Size	-0.005 5*** (0.001 1)	-0.002 4*** (0.000 4)	-0.003 1*** (0.007 5)
Tangible	-0.013 7 (0.016 0)	0.016 2*** (0.004 8)	-0.029 9* (0.071 7)
Gsales	0.003 2 (0.002 8)	-0.001 7 (0.001 2)	0.004 9 (0.105 1)
Roe	0.004 7 (0.010 6)	-0.008 1 (0.008 4)	0.012 8 (0.345 4)
Fs	-0.004 2 (0.004 6)	0.001 4 (0.003 2)	-0.005 6 (0.313 3)
Mortgage	-0.008 4*** (0.002 8)	0.002 5* (0.001 4)	-0.010 9*** (0.000 4)
Pledge	-0.007 2* (0.003 8)	0.001 0 (0.001 4)	-0.008 2** (0.041 0)
Credit	0.017 2*** (0.005 0)	-0.000 5 (0.001 4)	0.017 7*** (0.000 7)
Guarantee	0.005 1* (0.002 7)	-0.000 3 (0.001 5)	0.005 4* (0.085 1)
Constant	0.150 3*** (0.042 9)	0.094 8*** (0.238 5)	
Industry&Year	YES	YES	YES
Observations	1 109	2 040	
Adj. R^2	0.085	0.067	

注：混合回归估计括号中的数字为稳健标准误，回归系数差异检验项括号内为 *P* 值；回归系数差异检验采用 Chow tests 检验［本书回归系数参数检验借鉴了 William（2002，2011）的方法。原文文献出自 http：//www. stata. com/support/faqs/stat/chow3. html］。***、**、* 分别表示1%、5%、10%的显著性水平。

由此我们可以看出，国有企业与非国有企业间风险承担的决定机制既带有“同质化”特点又有“异质化”区别。为了进一步明确二者间差异的主要来源到底是企业的禀赋特征，还是外部市场环境，抑或是所有制特性，我们将进一步对国有与非国有企业风险承担总差异进行分解。

（3）平均风险承担差异的分解

表4.23是根据Blinder-Oaxaca和Cotton分解法得到的相关因素对所有制企业风险承担总差异的贡献。分解结果显示，非国有企业与国有企业平均风险承担总差异为0.003 6，在1%的水平上显著，表示非国有企业风险承担水平比国有企业高出19.89%，其中77.78%来自特征差异，可由相关特征因素解释，其余由特征值不可解释部分引起的差异为0.000 8，占总差异的22.22%。这说明，二者间差异80%源自禀赋差异和外部环境，其余20%来自所有制特性，包括不同经营目标、不同股权、激励机制等差异。

具体而言，企业禀赋、外部宏观环境对不同所有制企业的风险承担差异产生了显著影响。结合表4.24各影响因素差异分解结果的占比分析来看，首先，在企业不同禀赋特征方面，企业的关联交易、每股经营现金流、总资产规模和贷款融资方式皆对风险承担总差异做出贡献。关联交易代表了企业隐藏的道德风险，该差异对总差异的影响力为-5.56%，表明道德风险的发生在国有企业更为频繁，国有企业的经营投资效率低于非国有企业。每股经营现金流的系数差异对总差异的解释力为11.11%，该差异值为正，这意味着非国有企业的风险投资约束更小，所以非国有企业会加大创新投入，提高风险承担水平。与此形成鲜明对比的是，总资产规模和贷款方式在表4.23中分别表现出显著的反向禀赋差异和系数差异：信用贷款方式中的特征差异解释了总差异的-11.11%，而系数差异解释了总差异的47.22%，这说明，单从企业是否拥有信用贷款来看，虽然其导致国有企业风险承担的变动大于非国有企业，但由于国有企业对政绩稳定的追求和非国有企业对效率追求的不一致，最终整体上将导致非国有企业风险承担对信用贷款敏感度更强；与此相似，总资产规模由于其特征差异绝对值0.066 5大于总特征差异值0.002 8和总差异值0.003 6，且对总差异贡献为111.11%，所以在非国有企业中，总资产规模未充分体现出该类企业的真实风险承担水平，导致资产规模对企业风险承担的影响价值在非国有企业中被低估；系数差异解释了单变量总差异的106.02%，表明随着企业规模的逐渐增大，在非国有企业中企业风险承担水平降低表现得更为突出。其次，在外部宏观风险方面，外部宏观风险对两组平均风险承担差异的解释力为44.44%，且该值为正，表明非国有企业受宏观风险波动更大，需注意，其特征差异在1%的水平上可显著缩小两类企业总差异，由此可见宏观风险波动对国有企业风险承担的边际效应更强。最后，在整体上，系数差异对总差异的总影响不显著（0.000 8），因此，系数差异整体上对风险承担总差异不存在解释力度。

表 4.23　非国有、国有企业平均风险承担差异分解

变量名	(1)	(2)	(3)
	Overall	Explained	Unexplained
Rate		-0.000 1 (0.000 1)	0.047 5 (0.040 9)
Macrisk		-0.000 5* ** (0.000 2)	0.002 1 (0.001 8)
Relation		-0.000 1 (0.000 1)	-0.000 9 (0.001 0)
Age		-0.000 1 (0.000 1)	0.001 4 (0.005 8)
Leverage		0.000 3 (0.000 4)	-0.003 4 (0.004 4)
Rpt		-0.000 2** (0.000 1)	-0.000 4 (0.000 7)
recua		0.000 1 (0.000 1)	-0.000 9 (0.000 6)
Z		-0.000 8 (0.000 5)	0.002 7 (0.010 0)
Percash		0.000 4* (0.000 2)	-0.000 7 (0.000 7)
Size		0.004 0*** (0.000 7)	-0.070 5*** (0.026 4)
		(0.000 7)	(0.026 4)
Tangible		-8.91e-06 (3.07e-05)	-0.027 9* (0.015 5)
Gsales		-2.87e-07 (1.91e-05)	0.001 1① (0.000 7)
		(1.91e-05)	(0.000 7)
Roe		1.34e-07 (6.18e-06)	0.001 2 (0.001 3)

① 此时 *P* 值=0.107。

表4.23(续)

变量名	(1)	(2)	(3)
	Overall	*Explained*	*Unexplained*
Fs		0.000 1 (0.000 2)	-0.002 1 (0.002 1)
Mortgage		0.000 1 (0.000 1)	-0.001 6*** (0.000 4)
Pledge		0.000 1 (0.000 1)	-0.000 7** (0.000 4)
Credit		-0.000 4** (0.000 2)	0.001 7*** (0.000 5)
Guarantee		-0.000 2 (0.000 1)	0.000 7* (0.000 4)
非国有	0.021 7*** (0.000 7)		
国有	0.018 1*** (0.000 4)		
总差异	0.003 6*** (0.000 8)		
特征差异	0.002 8*** (0.000 8)		
系数差异	0.000 8 (0.001 0)		
Constant			-0.160 (0.226)
Industry&Year	YES	YES	YES
Observations	3 149	3 149	3 149

注：混合回归估计括号中的数字为稳健标准误，***、**、*分别表示1%、5%、10%的显著性水平。年度和行业虚拟变量的分解系数未列出。+表示有利于非国有企业，-表示有利于国有企业。

表 4.24 各影响因素差异分解结果的占比分析

变量名	总差异（T）	单变量总差异（S）	特征差异***			系数差异		
			差异值	%（T）	%（S）	差异值	%（T）	%（S）
Rate	0.003 6	0.047 4	−0.000 1	−2.78	−0.21	0.047 5	1 319.44	100.21
Macrisk	0.003 6	0.001 6	−0.000 5***	−13.89	−31.25	0.002 1	58.33	131.25
Relation	0.003 6	−0.001	−0.000 1	−2.78	10	−0.000 9	−25	90
Age	0.003 6	0.001 3	−0.000 1	−2.78	−7.69	0.001 4	38.89	107.69
Leverage	0.003 6	−0.003 1	0.000 3	8.33	−9.68	−0.003 4	−94.44	109.68
Rpt	0.003 6	−0.000 6	−0.000 2**	−5.56	33.33	−0.000 4	−11.11	66.67
Recua	0.003 6	−0.000 8	0.000 1	2.54	−11.33	−0.000 9	−25	111.33
Z	0.003 6	0.001 9	−0.000 8	−22.22	−42.11	0.002 7	75	142.11
Percash	0.003 6	−0.000 3	0.000 4*	11.11	−133.33	−0.000 7	−19.44	233.33
Size	0.003 6	−0.066 5	0.004***	111.11	−6.02	−0.070 5***	−1 958	106.02
Tangible	0.003 6	−0.027 9	−8.91E−06	−0.25	0.03	−0.027 9*	−775	99.97
Gsales	0.003 6	0.001 1	−2.87E−07	−7.97E−05	−0.03	0.001 1	30.56	100.03

表4.24（续）

变量名	总差异（T）	单变量总差异（S）	特征差异***			系数差异		
			差异值	%（T）	%（S）	差异值	%（T）	%（S）
Roe	0.003 6	0.001 2	1.34E-07	3.72E-05	0.01	0.001 2	33.33	99.99
Fs	0.003 6	-0.002	0.000 1	2.78	-5	-0.002 1	-58.33	105
Mortgage	0.003 6	-0.001 5	0.000 1	1.96	-4.62	-0.001 6***	-44.44	104.62
Pledge	0.003 6	-0.000 5	0.000 2	5.56	-40	-0.000 7**	-19.44	140
Credit	0.003 6	0.001 3	-0.000 4***	-11.11	-30.77	0.001 7***	47.22	130.77
Guarantee	0.003 6	0.000 9	0.000 2	5	20.45	0.000 7*	19.44	79.55

注：+表示有利于非国有企业，-表示有利于国有企业。%（T）表示占总差异的比重，%（S）表示占单变量总差异的比重，时间和行业的单变量差异未列出。***、**、*分别表示1%、5%和10%的显著性水平。

总而言之，上述分解结果给我们传达了两条重要信息：第一，非国有企业的更高风险承担水平主要源于企业禀赋，该差异解释了两类企业总差异的77.78%，体现出企业禀赋特征对风险承担意愿的决定性作用；第二，基于差异分解的内部结构，除外部宏观环境外，各企业禀赋特征对风险承担差异的影响均不一致，尚有部分禀赋特征（如资产规模）未在企业的风险承担水平中得到充分体现，可能会导致企业风险投资决策产生偏误。

4.5 本章小结

在借鉴和发展前人研究的基础之上，结合我国银行主导型金融体系的典型化事实，本章首先分析银行中介的作用，其次通过“数量型”工具和“价格型”工具比较以及“价格型”工具的传导效应检验，选择了传导效率最佳的货币政策工具。对上述两方面进行基础研究后，接下来我们以企业价值最大化为目标，建立了一个有关银企互动的静态模型，考虑在货币政策外生冲击改变的条件下，货币政策如何通过银行监督影响企业风险承担并由此提出假说1。为进一步验证假说1，我们人工收集上市企业向银行借款数据，对此给予进一步经验支持。研究结果发现：第一，企业风险承担水平与货币当局政策紧密相关。货币政策的改变通过银行贷款利率的重新定价影响银行监督力度，并传导至企业，最终体现出货币政策与企业风险承担的反向关联，证实货币政策影响企业风险承担的作用机理。第二，微观主体的特质性对货币政策传导效果影响的差异化。一方面，通过比较不同类型商业银行，证实异质性银行存在监督差异；另一方面，按照企业所有权、技术类型和外部融资依赖程度分类，确认货币政策的传导在异质性企业中具有非对称效应。

鉴于中国改革开放以来，所有权特质性差异在企业融资环境中的影响，本书还采用 Blinder-Oaxaca 和 Cotton 的回归分解法，将不同所有制企业的风险承担差异加以分解，试图回答：非国有企业与国有企业间的风险承担差异到底是企业禀赋的不同引起的，还是所有制特性因素导致的。通过采用中国 A 股上市公司 2007—2015 年数据为研究样本，将不同所有制企业的风险承担差异分解为两类：一类是由企业禀赋差异和外部市场环境变化所组成的特征差异，称为可解释部分；另一类是由所有制企业的不同产权特性组成的系数差异，称为不可解释部分。结果显示：第一，非国有企业的风险承担显著高于国有企业，二者风险承担差异主要源于企业禀赋而非所有制特性；第二，明晰了风险承担差异中市场环境冲击、禀赋差异与所有制特性三部分的贡献力度，表明了诸如企业资产规模等禀赋的贡献尚未在风险承担中得到充分体现，资产规模的价值在非国有部门中被低估；第三，外部市场环境对不同所有制企业的风险承担产生显著差异，且国有企业波动性更强，经营效率稳定性更弱。结果证明，非国有企业的发展还存在潜力等待挖掘，国有企业的改革之路任重道远。

5 金融市场化改革的冲击：银行监督视角下货币政策企业风险承担效应的改变

货币政策对实体经济的影响主要通过金融体系来传导，金融体系尤其是融资方式的不同反过来也会使货币政策的传导效率产生显著变化（Ma et al.，2016；伍戈 等，2016）。以央行的基准利率为例，一方面既可通过金融市场影响企业的股权融资成本，另一方面又可通过金融中介部门影响企业的债务融资成本，进而影响实体经济融资环境（Chatelain et al.，2003）。由于在金融发展的不同阶段，经济体对信贷市场发展和资本市场发展的敏感度不一致，所以企业融资途径的改变，会导致货币政策在不同融资模式下的影响效应发生变化（Demirguc-Kunt et al.，2013）。本书在第四章已分析货币政策如何通过银行中介的监督作用对企业风险承担产生影响，但忽视了金融市场化的发展，未考虑金融体系结构的变化反过来会逐步拓宽企业部门融资渠道，进而改变企业融资方式并改变货币政策的影响途径和结果。这样，就产生了本章拟研究内容：在以我国银行主导型的典型化事实为背景的前提下，金融市场的发展是否会影响企业部门的风险承担？又是否会改变银行监督视角下企业风险承担对货币政策冲击的反应？本章将对此进行详细解答。

5.1 金融中介与金融市场的功能区别

20 世纪 70 年代发展经济学的兴起推动了金融发展理论的演进。Mckinnon（1973）和 Shaw（1973）以发展中国家为研究对象，研究发现金融自由化可以从资本的有效积累和经济的快速发展两个层面促进国家进步。在此基础上，Maxwell（1978）等将视野拓展到风险分担、公司治理等方面，以研究金融发展的多元化功能。对此，本节将基于资源配置、公司治理和风险分担三重视角来分类回顾与评述金融中介与金融市场的功能区别。

5.1.1 信息处理与资源配置

由于外部投资者与内部投资者之间存在信息不对称，所以外部投资者在收集、处理企业的财务状况、经营管理、评估投资项目等信息方面成本较高，而相对地，金融中介则可以凭借其综合优势，降低收集、处理企业投资项目信息的巨额成本。金融中介通过收集企业生产技术、企业经营管理和企业管理人员的详细信息，针对国内外宏观经济形势、行业发展走向加以研究，可以提出更优资源配置策略，提高资源配置效率（Boyd et al.，1986）。

同样地，金融市场在收集、处理信息和资源配置方面也可发挥重要作用。资本市场的定期公开披露制度能促进信息传递的完全，有利于投资者获取有效决策信息（Hsu et al.，2014）。因此 Grossman 和 Stiglitz（1980）认为，当金融市场越发达，资本市场规模越大，流动性越强时，通过市场机制的信息披露与信息传递，投资者可以对企业的生产经营、经营管理和投资项目等信息进行分析、判断，从而做出有利于自身的价值决策，所以发达的资本市场有助于优化资源配置。

5.1.2 企业经营监督与公司治理改善

金融中介理论指出，为减少借款人与贷款人之间信息不对称的问题，金融中介的主要任务即为代理贷款人对借款人实施监督。Diamond（1984）认为，金融中介可以将闲散的居民储蓄资金聚集并贷款给资金需求者，凭借银企间的长期合作关系，利用信息优势监督企业生产经营，从而降低成本、提高资产安全性和促进企业提高公司治理水平。De la Fuente 和 Martin（1996）针对企业创新展开研究，将企业创新的成功概率和企业管理者的努力程度相联系，研究发现，作为代理监督人的金融中介由于相对外部投资者具有更低的监督成本，更有利于帮助企业获得更优惠的贷款利率，促进科技创新。

相对地，亦有大量文献研究证明了金融市场对改善企业治理结构的有效性（Jensen et al.，1976）。随着金融市场的发展，资本市场的完善通过公司股价能有效传递信息反映公司价值（Jensen et al.，1990），因此金融市场的发展有助于减少信息不对称所引起的委托代理问题，并进一步改善公司治理结构，提高业绩。此外，Jensen 和 Murphy（1990）还发现，金融市场越发达，上市公司之间兼并收购行为发生的频率就越高，管理者出于解雇危机考虑，会与股东达成利益相一致的投资决策协议。所以，从此视角而言，促进金融市场的发展有利于公司治理水平有效提高。

5.1.3 风险分担与风险平滑

从经济学一般假定出发，我们将理性经济人视为风险厌恶者，由于风险不能被消除，所以需要通过交易来交换、转移，从而风险厌恶者相对风险偏好者而言，就可以承担风险较低的项目（Allen et al.，1997）。金融市场和金融中介都可以分散风险，但风险分散的本质又有显著区别，金融市场强调的是风险分担，而金融中介强调的则是风险平滑。所谓的风险分担是指金融市场能够帮助投资者通过持有基金、债券、股票等多种投资产品，进行分散化投资，从而对冲与分散风险（Obstfeld，1994；Acemoglu et al.，1997）。风险平滑指的是通过时间进行跨期平滑，如代际间分担机制，从而分散风险（Allen et al.，1997）。

20 世纪 70 年代，美国投资者的财富以股票资产为主，原油价格的大跌造成了许多美国投资者财富的急速减少，美国市场消费也急剧下滑；而当时诸如德国这种银行主导型金融体系国家，由于大多居民资产以银行存款为主，具有固定的名义收入，人们对资产投资回报率的依赖性相对较低，所以当危机发生时，德国的银行主导型金融系统可以起到风险平滑作用，平滑掉原油价格冲击对居民资产价值的影响，因此德国市场消费并未发生显著变化。但回首 2008 年金融危机，以雷曼为代表的系统性金融机构的倒闭加剧了此次危机，也使银行体系相对金融市场复苏较为缓慢。因此，不同的金融结构在不同危机中皆有其特点与不同作用的缓冲机制。

5.2 理论基础与模型拓展

随着金融市场化改革的推进，中国市场经济体系逐步完善。其中金融市场，尤其是股票市场的发展使融资作用逐渐增强，企业不但可以通过银行获得资金支持，同时可以在股票市场寻求直接融资。股票市场既有使投资者共享收益、分担风险的优势，又具有使融资方无须提供抵押担保，即可给予投资者资金支持的优势（Allen et al.，1997），这有利于企业改变资本结构，提升价值。因此本书在拓展模型中加入金融市场的发展，分析金融结构变化是否会改变货币政策冲击对企业风险承担的影响。

假定企业总的投资需求不变仍为 $L(r)$ ，企业无自有资本。由于存在金融市场，企业不但可以从银行获取贷款，还可以从股票市场上融得资金，因此，相对于 4.3.1 基准模型，拓展模型的改变体现为企业的融资渠道从银行扩展为银行和股票市场两种渠道。对此，我们假定企业从银行间接融资的比例为 x 。这样，企业的变化体现为贷款成本的减少，变为 $(1-p)\,rxL(r)$ ，而投资期望收益 $(1-p)\,K$ 、经营成本 $\frac{1}{2}\rho^2 C$ 因与贷款额 $xL(r)$ 不相关，所以不发生变化。银行部门由于贷款规模从初始的 $L(r)$ 缩减为 $xL(r)$ ，因此基准模型中银行部门利润最大化函数的每一项 $L(r)$ 在拓展模型的新利润函数中皆变成 $xL(r)$ 。

（1）企业部门

企业新的价值最大化表达式如下：

$$V' = \max_{\rho}\left[(1-p)\,K-(1-p)\,rxL(r)-\frac{1}{2}\rho^2 C\right] \tag{5.1}$$

（2）银行部门

银行新的期望利润为：

$$\pi' = \max_{(r,\ q)}\left[\int_0^1 (1-p)\,rxL(r)-\frac{1}{2}q^2 xL(r)-i^* xL(r)\,\mathrm{d}\rho\right] \tag{5.2}$$

拓展定理：$\frac{\mathrm{d}\rho}{\mathrm{d}i^*}=\frac{\partial\rho}{\partial r}\times\frac{\mathrm{d}r}{\mathrm{d}i^*}<0$ 且 $\left|\frac{d\rho}{d i^*}\right|_2=\left|\frac{\mathrm{d}\rho}{\mathrm{d}i^*}\right|_1\times x$

拓展定理表明随着金融市场的发展，基准利率通过银行部门的监督作用对企业风险承担所产生的影响被削弱。究其原因，我们认为是资本市场的繁荣拓宽了企业的融资渠道，并促进了信息的传递，这有利于投资者获得有效决策信息（Hsu et al.，2014），并使经营业绩良好的企业能成功从市场上融资，降低对银行贷款的依赖，使银行部门的利润被分散。因此，当货币政策调整信号被释放时，资本市场的信息披露与信息传递会削弱银行部门监督的激励，因此基准利率通过银行部门对企业风险承担的影响力也会随之下降（Bougheas et al.，2006）。我们根据上述拓展定理及分析，提出本书假说 2：

假说 2：金融市场越发达，基准利率通过银行监督对企业风险承担产生的负向影响越弱。

5.3 样本选取与模型设计

5.3.1 研究样本与数据来源

本研究采用面板数据进行经验分析，由于贷款利率下限的市场化进程于

2004 年启动，因此本书选择 2004 年第一季度至 2015 年第三季度的数据为样本区间，研究对象为中国 A 股上市公司。由于中国上市企业管理人员任期通常为 3 年一届，所以本书采用滚动方式，将每 3 年作为 1 个观测时段，根据 John 等（2008）的方法计算企业的风险承担水平。其中，剔除金融类上市公司、ST 股、PT 股、相关数据缺失的观测值及观测时段内所有权发生转变的观测值后，样本数量共计 41 942 个。本书使用的数据包括宏观层面与企业特征层面的数据，其中宏观层面数据除信贷数据来源于国际清算银行外，其余均选自万德数据库；对企业进行融资依赖型分类时，企业层面数据来源于《中国固定资产投资统计年鉴》；其余数据来源于国泰安数据库。本书对企业财务特征变量进行上下 1%的缩尾（winsorize）处理，以避免异常值对检验结果的干扰。

5.3.2 模型构建与变量选择

5.3.2.1 模型构建

受金融市场发展的影响，主体行为可能具有较强的惯性特征，本书参照 Jiménez 等（2013）以及张雪兰和何德旭（2012）的研究，引入被解释变量的滞后 1 期和 2 期作为模型的内生变量，消除企业风险承担行为滞后期对当期的影响。

根据第四章的研究，本书已证实货币政策通过银行监督可以对企业风险承担产生影响，那么，为验证假说 2，我们构建动态模型（5.3）和模型（5.4）：

$$Drisk_{it} = \alpha_0 + \alpha_1 Iloan_t + \alpha_2 D\,risk_{it-1} + \alpha_3 D\,risk_{it-2} + \alpha_4 X'_{it} + \varepsilon_{it} \tag{5.3}$$

$$Drisk_{it} = \alpha_0 + \alpha_1 Iloan_t + \alpha_2 Structure_t + \alpha_3 Iloan_t \times Structure_t + \alpha_4 Drisk_{is-1} + \alpha_5 Drisk_{it-2} + \alpha_6 X'_{it} + \varepsilon_{it} \tag{5.4}$$

模型（5.3）是货币政策通过银行监督对企业风险承担产生影响的简化模型，模型（5.4）相较于模型（5.3）的区别在于模型（5.4）中加入了衡量金融市场发展的指标 *Structure* 及其与贷款基准利率 *Iloan* 的交互项，用来考察假说 2，即随着金融市场的发展，货币政策通过银行监督对企业风险承担的负向影响是否会被弱化。如若被削弱，交互项与 *Iloan* 的符号应相反。

5.3.2.2 变量选择

（1）被解释变量

模型（5.3）和（5.4）中，*Drisk* 为企业风险承担水平的变化值，衡量方法借鉴李文贵和余明桂（2012）的研究。首先，对企业每时点上的观测值 *Roa* 进行行业调整，记为 *AdjustedRoa*，$AdjustedRoa_{in} = Roa_{in} - \frac{1}{M}\sum_{j=1}^{M} Roa_{jn}$。其中，*i*

代表企业，n 取值为 1~12，分别代表 3 年期观测时段内的不同季度。j 代表该行业的第 j 家企业，该行业内总共有企业 M 家。其次，计算企业经行业调整后的 $AdjustedRoa$ 在滚动窗口期的标准差 $Risk$，$Risk_i = \sigma(AdjustedRoa_{in})$ 。最后，将当期与上期 $Risk$ 的差分，作为风险承担的变化值 $Drisk$ 。

（2）主解释变量

根据第四章货币政策工具选择的研究分析，本章继续采用贷款基准利率作为货币政策工具变量。$Iloan$ 是根据 Delis 和 Kouretas（2011）的研究结论选用贷款基准利率的变化值。由于央行每次调整贷款基准利率幅度大致相同，为体现贷款基准利率变化导致的相对影响，本章拟用每季度内贷款利率的调整幅度与上季度贷款利率水平值（1 年期贷款基准利率水平）之比作为货币政策变量（ $Iloan$ ）①。

金融结构（ $Structure$ ）是衡量金融市场发展的量化指标。该指标值越大，表明一国资本市场的相对影响力越强，经济体对资本市场发展的敏感度也越高（Demirguc-Kunt et al.，2013），更多的企业可以从市场获取资金，货币政策通过金融市场传导至企业部门的作用增强。需注意，根据 Levine（2002）的研究，对一国金融结构可从市场相对规模大小、市场活跃程度及市场有效性三方面来衡量。本节首先从市场规模的视角来衡量金融结构（市场活跃度及有效性的衡量见稳健性检验部分），具体定义如下：金融结构 $Structure_t$ = 股票市场发展$_t$/ 信贷市场发展$_t$ 。其中，股票市场发展$_t$ = 上市公司流通市值$_t$/ GDP_t，信贷市场发展$_t$ = 银行部门提供的私营部门国内信贷$_t$/ GDP_t（Rajan et al.，1998；Levine，2002；Hsu et al.，2014）。

（3）控制变量

本节控制变量的选取与 3.3.1.1 部分相同，但此处宏观层面的变量宏观风险（$Dmacrisk$）是季调后的季度实际 GDP 增长率按 3 年期滚动计算的当期标准差 $\sigma(AdjustedRealGDP_n)$ 与上期之差（Acharya et al.，2011）。此外，本节控制变量中的沪深 300 指数收益率（$Stockm$）是作为控制市场对企业风险承担的影响的变量，控制 $Stockm$ 一方面从样本选择视角出发，可以减少样本选择导致

---

① 由于此处采用动态模型，所以变量的衡量方法与静态模型中略有区别。而前述 3.3.1 部分虽然采用动态模型，却使用水平值进行研究，这是因为 3.3.1 部分的主要目的是为了考察在货币政策变化的背景下，企业风险承担行为对企业价值的进一步影响，突出的是宏观经济环境的变化而非央行的短期行为；加之，企业的价值增长是一个长期现象。因此，Delis 和 Kouretas（2011）指出水平值对于解释相对长期的现象具有更强说服力，我们在 3.3.1 部分采用水平值进行回归。此处，我们采用变化值进行研究，这是延续了典型的货币政策影响风险承担渠道的思想，即货币政策的变化引起微观主体风险承担的变化，所以在动态模型中采用变化值（Delis et al.，2011）。

的偏误问题（苏冬蔚 等，2009），另一方面可以控制金融市场环境对企业风险决策的干扰，以分离出货币政策仅通过金融中介对企业风险承担产生的结果。

（4）分组变量

考虑到不同企业对外部融资环境的敏感性存在较大差异，本节将样本按企业所有权、所属行业风险和外部融资依赖性做进一步划分，考察假说 2 对不同企业是否存在差异。之所以选择上述三个特征分组，是因为国有企业与非国有企业的所有权性质不同，导致了银企间信息对称程度不同（Boubakri et al.，2013），使货币政策传导至高效率和高增长型非国有企业的渠道会受阻；高新技术型企业由于常从事创新性强和风险性高的项目（Hirshleifer et al.，1992），自身具有追求高收益、高风险的特性；对外部融资依赖度较低的企业，由于外部融资能力较弱，融资约束较强，因此对外部融资环境的敏感性较强（Rajan et al.，1998）。所以，货币政策在不同金融体系下的传导对上述三类异质性企业的风险承担可能存在差异。

所有权（*State*）：此变量为虚拟变量。当企业的实际控制人为国有主体时①，将该企业定义为国有企业，对应所有权变量取值为 1，否则为 0。为避免所有权性质变更对企业投资决策的影响，本书仅保留 3 年观测期内实际控制人性质未发生实质性变化的样本企业。

技术型（*Technology*）：根据李文贵和余明桂（2012）及《上市公司行业分类指引（2012 年修订）》，本书将制造业、信息技术业、科学研究和技术服务业视为高新技术产业，对应变量取值为 1，否则为 0。

外部融资依赖（*Dependent*）：根据盛丹和王永进（2010）的研究，我们使用《中国固定资产投资统计年鉴》中各行业扣除自筹资金以外的投资资金与总投资资金之比，作为行业对外部融资依赖程度的度量②。通过比较每年各行业外部融资依赖程度与全国平均融资依赖程度，将高于平均值以上的行业视为高依赖外部融资行业③，对应变量取值为 1，否则为 0。

5.3.3 数据描述性统计特征

表 5.1 显示了本书所涉及变量及分类企业的描述性统计特征。从表 5.1 的

---

① 实际控制人通过国泰安数据库（CSMAR）获得。由于本书的研究采用季度数据，而实际控制人的披露是年度数据，因此本书针对年度内所有权发生变更的公司采用人工收集相关季报的方式获得实际控制人信息。

② 来自“国民经济行业小类城镇投资资金来源构成”，总投资资金包括国家预算内资金、国内贷款、债券、利用外资（利用外国直接投资）、自筹资金和其他。

③ 高依赖型企业主要由电力业、交通运输业、房地产业、公共设施管理业等组成。

A 部分可以看出，样本企业平均风险承担水平的变化值为 0.000 1，最大值为 0.063 7，最小值为-0.065 3。金融结构变量的均值为 0.837 1，低于市场主导型金融体系的代表国家英国（1.020 2）与美国（0.895 8），高于其他银行主导型金融体系的代表国家日本（0.704 7）与德国（0.216 5）（Levine，2002）。我们发现 2004—2015 年，中国的金融结构从最小值 0.179 1 上升到最大值 1.414 9，标准差为 0.390 4，变化明显。由此可见，自 2004 年贷款利率市场化开启以来，中国资本市场发展迅速，金融结构随之发生了根本性转变。虽然本书在模型构建中选用企业风险承担水平（*Risk*）的变化值作为被解释变量，但此处为更好地对比分类企业的风险承担差异，我们在表 5.1 的 B 部分描述性统计中使用了企业风险承担 *Risk* 的水平值。通过三组子样本的对比，我们发现非国有企业风险承担水平比国有企业要高 0.001 5，高新技术型企业高于非高新技术型企业 0.003 3，而对外部融资依赖度低于全国平均水平的企业超出对外部融资高依赖型企业 0.002 8，可见各分组内不同企业确实存在风险承担的差异。

表 5.1　模型变量定义及描述性统计

A 部分（总样本）					
变量名	变量定义	均值	标准差	最小值	最大值
Drisk	企业风险承担水平的变化值	0.000 1	0.003 4	-0.065 3	0.063 7
Iloan	贷款基准利率调整相对变化值/100	0.000 04	0.000 5	-0.002 6	0.001 1
Structure	股票市场发展/信贷市场发展	0.837 1	0.390 4	0.179 1	1.414 9
Stockm	沪深 300 指数季度收益率	0.028 5	0.190 6	-0.289 9	0.482 6
Age	企业年龄的自然对数	3.735 4	0.492 2	0	4.934 5
Gsales	（本季度营业收入-上季度营业收入）/上季度营业收入	0.135 3	0.566 2	-0.773 2	3.610 4
Leverage	企业总负债/总资产	0.440 9	0.202 0	0.038 1	0.832 6
Tangible	（资产总额-无形资产净值）/资产总额	0.964 8	0.045 7	0.735 8	1
Size	企业资产总额的自然对数	0.326 1	0.115 9	0.121 7	0.698 8
Fs	企业第一大股东持股比例	0.120 6	0.161 1	0.001 1	0.625 4

表 5.1（续）

A 部分（总样本）					
变量名	变量定义	均值	标准差	最小值	最大值
Roe	净利润/股东权益平均余额	0.055 4	0.057 1	-0.088 5	0.258 1
Dmacrisk	实际 GDP 季度增长率标准差变化值	-0.000 2	0.000 9	-0.003 7	0.002 2
State	所有权性质，国有 = 1	0.573 6	0.494 6	0	1
Dependent	企业融资依赖程度，高度依赖行业 = 1	0.138 1	0.345 0	0	1
Technology	企业研发投入，高新技术行业 = 1	0.674 7	0.468 5	0	1

B 部分（平均值）								
样本分类	*Risk*	*Age*	*Gsales*	*Leverage*	*Tangible*	*Size*	*Fs*	*Roe*
总样本	0.016 8	3.735 4	0.135 3	0.440 9	0.964 8	0.326 1	0.120 6	0.055 4
国有企业	0.016 2	3.807 6	0.131 4	0.490 0	0.965 4	0.357 9	0.143 8	0.054 6
非国有	0.017 7	3.638 3	0.140 5	0.374 8	0.964 0	0.283 3	0.089 5	0.056 4
高新企业	0.017 9	3.681 7	0.112 9	0.405 0	0.966 2	0.306 4	0.111 9	0.054 6
非高新	0.014 6	3.846 7	0.181 6	0.504 9	0.961 9	0.367 0	0.138 7	0.057 0
高依赖型	0.014 4	3.904 4	0.214 7	0.501 0	0.965 2	0.395 5	0.151 0	0.052 5
非高依赖	0.017 2	3.708 3	0.122 5	0.431 2	0.964 8	0.315 0	0.115 8	0.055 9

表 5.2 给出了研究变量的 Pearson 相关系数矩阵。结果显示，企业风险承担水平与贷款基准利率①、金融结构、企业年龄、企业成长能力、企业规模、企业股权集中度、权益报酬率和宏观风险均具有显著关系。此外，各研究变量间的两两相关系数中，最大的取值为 0.466，表明各变量间不存在严重的多重共线性问题。

① 此处 Pearson 相关系数矩阵显示，企业风险承担水平和贷款基准利率正相关，但后续实证结果揭示两者间为负相关。我们认为两者结果之所以不一致，是因为相关系数矩阵的结果是在没有控制其他影响企业风险承担的因素下回归所得的。因此，后续实证结果的结论更具有稳健性。

表 5.2　Pearson 相关系数矩阵

变量名	*Drisk*	*Iloan*	*Structure*	*Age*	*Gsales*	*Leverage*	*Tangible*	*Size*
Drisk	1							
Iloan	0.013***	1						
Structure	-0.033***	0.214***	1					
Age	-0.024***	-0.028***	0.170***	1				
Gsales	-0.016***	0.017***	0.017***	0.021***	1			
Leverage	-0.008	0.004	-0.110***	0.250***	0.052***	1		
Tangible	0.001	0.049***	-0.073***	-0.070***	0.007	0.023***	1	
Size	-0.034***	-0.016***	0.131***	0.208***	0.006	0.466***	0.028	1
Fs	-0.018***	-0.007	0.378***	0.275***	0.007	0.188***	-0.048***	0.335***
Roe	-0.026***	0.003	0.073***	-0.022***	0.100***	-0.001	-0.016***	0.176***
Stockm	-0.001	0.330***	-0.073***	0.001	0.001	0.053***	0.019***	-0.024***
Dmacrisk	0.024***	-0.134***	-0.321***	-0.042***	0.011**	-0.001	0.011**	-0.035***
	Fs	*Roe*	*Stockm*					
Roe	0.068***	1						
Stockm	-0.078***	-0.021***	1					
Dmacrisk	-0.081***	0.066***	-0.196***					

注：＊＊＊、＊分别表示 1%和 10%的显著性水平。

5.4　金融市场化冲击对银行监督传导效应的实证研究

为尽可能减少计量模型的解释变量包含被解释变量滞后项所产生的内生性问题，本书采用动态面板广义矩法（Dynamic GMM）对模型（5.3）和（5.4）进行估计。表 5.3 给出了上市企业季度样本的系统 GMM 与差分 GMM 估计结果，其中，针对模型（5.4）中交互项可能会导致的共线性问题，我们对交互项采用了“中心化”处理。模型（5.3）和（5.4）的估计结果皆为控制行业因素后的两步法稳健性结果。

5.4.1　金融市场化冲击对银行监督传导效应的实证分析

5.4.1.1　主要回归结果

表 5.3 结果显示，系统 GMM 估计的系数标准差比差分 GMM 标准差更小、

更加精确。这是因为使用系统 GMM 估计法相对增强了工具变量的有效性，所以加强了估计结果的稳健性。在接下来的回归中，我们都仅报告系统 GMM 的估计结果。模型（5.3）回归结果表明，在控制基准利率的市场效应后，基准利率（*Iloan*）与企业风险承担在 1%的显著水平上呈负相关，其系数估计值为-0.106 5。这一结果说明，在货币政策通过银行监督影响企业风险承担的过程中，基准利率的上升最终会导致企业风险承担水平降低。因为当基准利率升高时，银行贷款的机会成本增大，会提高贷款利率，虽然较高的贷款利率降低了企业违约损失，增加了企业期望收益，会使企业选择更高风险的项目进行投资，但高风险投资项目同时也意味着更高的违约率，激励银行对企业的监督力度增大以降低企业违约风险。所以，当银行监督力度增大时，企业为了实现价值最大化，最终选择的最优风险承担水平降低。因此，监督机制的存在导致了货币政策冲击和企业风险承担之间的负向关系。模型（5.4）中交互项 *Iloan* × *Structure* 的系数估计值为 0.247 0，在 1%的水平上显著为正，这一结果与假说 2 一致。说明金融结构、货币政策与企业风险承担三者之间存在如下显著关联：金融市场的相对发展能有效降低货币政策冲击通过银行监督对企业风险承担的负向影响。这是金融结构中，资本市场的发展拓宽企业融资渠道，增强企业外部融资可得性所致。当企业选择从市场融资时，企业将降低对银行融资的依赖，这样一来，银行贷款利润被市场融资分散，所以银行对企业的监督力度下降，最终削弱货币政策冲击通过银行监督对实体企业风险承担产生的影响。经验研究证明：从经济稳定角度看，不同融资模式下货币政策的调控对企业风险承担影响的结果具有替代效应；从政策意义上看，推进资本市场的稳定发展，可以在一定程度上熨平货币政策冲击通过银行体系对实体经济造成的波动，并帮助企业拓宽融资渠道，缓解融资困境。

表 5.3　货币政策、金融结构与企业风险承担

变量名	系统 GMM 估计		差分 GMM 估计
	模型（5.3）	模型（5.4）	
Iloan	-0.106 5*** (0.027 4)	-0.068 8** (0.032 4)	-0.081 8** (0.038 9)
Structure		-0.000 1 (0.000 1)	0.000 1 (0.000 2)
Iloan × *Structure*		0.247 0*** (0.088 9)	0.277 0*** (0.103 1)

表5.3(续)

变量名	系统 GMM 估计		差分 GMM 估计
	模型（5.3）	模型（5.4）	
L1．*Drisk*	−0.433 1*** （0.055 5）	−0.366 3*** （0.059 1）	−0.363 7*** （0.079 4）
L2．*Drisk*	−0.282 8*** （0.045 3）	−0.244 9*** （0.046 9）	−0. 2 436*** （0.067 9）
Stockm	−0.000 1 （0.000 1）	−0.000 1 （0.000 1）	−0.000 1 （0.000 1）
*Age*①	−0.000 4 （0.000 4）	−0.000 4 （0.000 4）	−0.000 1 （0.000 4）
Gsales	−0.000 1 （0.000 4）	−0.000 1 （0.000 4）	−0.000 4 （0.000 4）
Leverage	0.000 1 （0.000 5）	0.000 1 （0.000 5）	0.000 8 （0.000 6）
Tangible	−0.000 1 （0.000 7）	−0.000 2 （0.000 7）	−0.000 8 （0.000 7）
Size	−0.002 4 （0.001 8）	−0.002 3 （0.001 8）	−0.004 6** （0.002 0）
Fs	0.000 8*** （0.000 2）	0.000 8*** （0.000 2）	0.000 6** （0.000 3）
Roe	0.000 7 （0.000 7）	0.000 7 （0.000 7）	0.001 6** （0.000 8）
Dmacrisk	0.049 5** （0.021 3）	0.052 2** （0.024 9）	0.056 0** （0.026 4）
Wald 检验	145.22	140.58	127.78
P 值	0.000	0.000	0.000

① 针对控制变量 *Age* 的不显著性，我们采用去掉 *Age* 的方式进行稳健性检验，结果显示去掉 *Age* 后的 Sargan 值为拒绝原假设。同时，我们根据胡育蓉等（2014）的做法，选取耐用品制造业中的生产企业进行分组回归，回归结果显示 *Age* 对该组企业的风险承担具有显著影响。因此，控制变量 *Age* 予以保留。结果见稳健性结果。

表5.3(续)

变量名	系统 GMM 估计		差分 GMM 估计
	模型（5.3）	模型（5.4）	
AR（1）	0.006	0.001	0.005
AR（2）	0.142	0.289	0.357
Sargan 值	0.121	0.151	0.273

注：＊＊＊、＊＊分别表示1%、5%的显著性水平，括号中数字为标准误。变量名前的L1和L2分别表示该变量的滞后1期和2期。Wald 检验统计量和 P 值表示回归系数联合显著性，AR（1）和AR（2）分别为一阶和二阶自回归结果，Sargan 值是过度识别约束检验。回归已控制行业效应。

控制变量股权集中度（*Fs*）及宏观风险（*Dmacrisk*）的回归结果也值得关注。在模型（5.3）和（5.4）中，*Fs* 的系数估计值均在1%的水平上显著为正，这表明企业的股权集中度与风险承担水平之间存在正向关系。这一发现与Faccio等（2011）、Amihud和Lev（1981）的研究结论一致。由于高管人员财富与企业绩效之间存在凸性，即高管人员的财富对企业股票价值波动的敏感性为凸函数，所以企业股票价值波动与高管人员所持股权价值之间的关系也为凸性，从而导致企业高管的风险承担意愿随股权集中度的增加而增加（Guay，1999）。宏观风险（*Dmacrisk*）与企业风险承担在5%的水平上显著正相关，模型（5.4）中对应系数的估计值为0.052 2。这一结果与Acharya等（2011）的经验结果一致，表明宏观经济波动的加剧会导致企业提高风险承担水平。这可能是因为经济波动的加剧加大了市场不确定性，受经济环境的影响，企业投资收益不确定性也可能随之增大。因此，企业将增大博取更高收益弥补损失的可能性，从而提高风险承担水平。

5.4.1.2 稳健性分析

为了测度研究结果的稳健性（回归结果见表5.4），首先，本书根据Faccio等（2011）的研究，采用企业在3年观测期内 *Roa* 最大值与最小值的差额（*Range*）作为企业风险承担的替代变量，对模型（5.4）进行参数估计。结果显示，*Iloan* 的系数仍显著为负，且 *Iloan* × *Structure* 的系数显著为正，表明金融市场的发展能降低企业部门对银行监督的敏感性，减弱货币政策对企业风险承担的负向效应。其次，使用金融结构的市场活跃度与有效性测度对实证结果进行稳健性检验（Levine，2002；Hsu et al.，2014）。其中，金融结构活跃度

(*Structure-activity*) = 总成交价比 / 信贷市场活跃度①，金融结构有效性 (*Structure-efficiency*) = 总成交价比 × 信贷市场有效性②。研究发现，无论使用市场活跃度还是使用有效性测度金融结构变量，*Iloan* 皆在 1%的水平上显著为负，而交互项 *Iloan* × (*Structure - activity*)、*Iloan* × (*Structure - efficiency*) 的系数估计值均在 5%的水平上显著为正。这说明前文得出的金融市场发展会削弱货币政策冲击通过银行监督对企业风险承担产生的影响的结论稳健。再次，考虑到企业向银行融资，一般为 3 年及以上的长期贷款，我们选取贷款基准利率调整幅度与上季度 3 年期贷款基准利率水平值之比（*3Iloan*）作为基准利率指标对结论进行稳健性检验。此外，为控制市场效应，我们选择 10 年期国债收益率（*Bond*）作为长期安全资产投资收益率来替代股指收益率。实证结果均不存在实质性改变。最后，考虑到本书研究样本包含了 2008 年金融危机时期，为控制金融危机对本书结果的影响，我们加设了金融危机虚拟变量 *Crisis*，在 2008 年时该值取 1。回归显示货币政策与企业风险承担的显著负向关系仍然成立，而且 *Crisis* 变量系数估计不显著。背后原因可能是因为我们选择的被解释变量 *Drisk* 进行了行业调整，而金融危机冲击是一个宏观冲击，并不仅针对某家企业，而是影响整个行业，这也就意味着对变量的行业调整已经排除了金融危机对该类企业的影响。

表 5.4 稳健性结果

变量名	*Range*	*S-efficiency* (Levine)	*S-efficiency* (王)	*S-activity*	*3Iloan*	*Bond*	*Crisis*	耐用品组
Iloan	-0.492 9** (0.227 9)	-0.086 2*** (0.026 4)	-0.083 8*** (0.026 2)	-0.096 1*** (0.028 2)	-0.422 2** (0.194 6)	-0.062 6* (0.036 4)	-0.062 6* (0.032 5)	-0.176 5** (0.088 7)
Structure	-0.001 3** (0.000 5)	-0.001 4 (0.001 0)	-0.000 1 (0.000 1)	-0.000 1* (0.000 04)	-0.000 1 (0.000 1)	-0.000 1 (0.000 1)	-0.000 1 (0.000 1)	0.000 1 (0.000 6)
Iloan × *Structure*	1.396 5*** (0.487 4)	3.729 7** (1.514 6)	0.182 0** (0.077 4)	0.155 8** (0.071 5)	1.278 2** (0.532 3)	0.236 4*** (0.082 1)	0.250 6*** (0.088 2)	0.276 5 (0.300 3)
Age	-0.000 2 (0.002 0)	-0.000 4 (0.000 4)	-0.000 4 (0.000 4)	-0.000 4 (0.000 4)	-0.000 4 (0.000 4)	-0.000 2 (0.000 4)	-0.000 6 (0.000 4)	-0.002 3* (0.001 3)

① 总成交价比 = 股市交易价值/GDP，信贷市场活跃度 = 所有部门提供给私营部门的信贷/GDP，这里的所有部门包括银行部门、可提供贷款的经济体中所有其他部门和非居民部门。

② Levine (2002) 的研究中，信贷市场有效性等于银行业一年期存贷利差；王志强和孙刚 (2003) 根据中国情况，将其量化为信贷市场有效性等于存贷比。

表5.4(续)

变量名	*Range*	*S-efficiency* (Levine)	*S-efficiency* (王)	*S-activity*	*3Iloan*	*Bond*	*Crisis*	耐用品组
Crisis							4.71e-06 (2.98e-06)	
L1. *Drisk*	-0.240 8*** (0.065 3)	-0.380 0*** (0.058 7)	-0.382 0*** (0.058 6)	-0.384 4*** (0.058 9)	-0.365 6*** (0.059 0)	-0.437 9*** (0.055 2)	-0.374 0*** (0.058 3)	-0.225 9** (0.095 2)
L2. *Drisk*	-0.087 7*** (0.033 7)	-0.248 6*** (0.047 1)	-0.249 5*** (0.047 1)	-0.250 9*** (0.047 3)	-0.245 2*** (0.046 9)	-0.299 2*** (0.046 1)	-0.248 5*** (0.047 2)	-0.126 7** (0.060 4)
Stockm	-0.000 2 (0.000 4)	-0.000 1 (0.000 1)	-0.000 1 (0.000 1)	-0.000 1 (0.000 1)	-0.000 1 (0.000 1)	0.008 2 (0.005 8)	-0.000 1 (0.000 1)	0.000 1 (0.000 1)
Gsales	-0.000 1 (0.000 1)	-0.000 1 (0.000 1)	-0.000 1 (0.000 1)	-0.000 1 (0.000 1)	-0.000 1 (0.000 1)	0.000 1 (0.000 1)	-0.000 1 (0.000 1)	0.000 3 (0.000 5)
Leverage	0.004 0* (0.002 2)	0.000 2 (0.000 5)	0.000 2 (0.000 5)	0.000 3 (0.000 5)	0.000 2 (0.000 1)	0.000 1 (0.000 5)	0.000 3 (0.000 5)	-0.003 0* (0.001 7)
Tangible	-0.007 1** (0.003 4)	-0.000 4 (0.000 7)	-0.000 1 (0.000 6)	-0.000 1 (0.000 1)	-0.000 2 (0.000 7)	-0.000 2 (0.000 7)	-0.000 1 (0.000 7)	0.001 5 (0.003 0)
Size	-0.017 0** (0.007 7)	-0.002 4 (0.001 8)	-0.002 4 (0.001 8)	-0.002 4 (0.001 8)	-0.002 2 (0.001 8)	-0.002 6 (0.001 8)	-0.002 4 (0.001 8)	-0.004 3 (0.004 3)
Fs	0.001 9 (0.001 2)	0.000 8*** (0.000 2)	0.000 8*** (0.000 2)	0.000 7*** (0.000 2)	0.000 8*** (0.000 2)	0.000 8*** (0.000 2)	0.000 8*** (0.000 2)	0.000 5 (0.000 9)
Roe	0.017 9*** (0.005 8)	0.001 0 (0.000 7)	0.001 0 (0.000 7)	0.001 0 (0.000 7)	0.000 8 (0.000 7)	0.000 6 (0.000 7)	0.001 0 (0.000 7)	-0.007 3** (0.003 4)
Dmacrisk	0.314 8*** (0.105 5)	0.047 7* (0.025 8)	0.048 0* (0.025 8)	0.049 7* (0.025 8)	0.054 2** (0.025 0)	0.038 7* (0.021 8)	0.047 4* (0.024 6)	0.089 6 (0.104 7)
Wald 检验	134.58	121.75	121.14	122.10	141.54	173.92	144.38	237.65
P 值	0.000	0.000	0.000	0.000	0.000	0.000	0.000	0.000
AR (1)	0.000	0.001	0.001	0.001	0.000	0.005	0.001	0.010
AR (2)	0.100	0.229	0.226	0.221	0.299	0.279	0.265	0.326
Sargan 值	0.101	0.130	0.151	0.124	0.153	0.184	0.201	0.128

注：说明：***、** 和 * 分别表示 1%、5%和 10%的显著性水平，括号中的数字为标准误。变量名前的 L1 和 L2 分别表示该变量的滞后 1 期和 2 期。Wald 检验统计量和 *P* 值表示回归系数联合显著性，AR（1）和 AR（2）分别为一阶和二阶自回归结果，Sargan 值是过度识别约束检验。回归已控制行业效应。

5.4.2 企业特质性差异的分组检验

在国有企业占据57%的市场份额环境下（见表5.1 A部分的变量 *State*），表5.5第一组回归结果表明国有与非国有企业对基准利率的敏感程度存在显著差异。相较于总样本（表5.3）与国有企业样本（表5.5）的回归结果，非国有企业风险承担对基准利率调整的弹性不显著（*Iloan* 不显著），而金融市场发展对非国有企业风险承担的影响在1%的水平上显著为正，系数估计值为0.440 8。这说明货币政策的调整未通过银行监督对非国有企业风险承担产生影响。这一结论背后的原因可能是因为中国政府为实现稳定市场和就业等宏观经济目标，干预了国有银行的经营，使之在国有银行占据市场主要份额的背景下，出现信贷配给现象（叶康涛 等，2009），因此非国有企业的融资来源与银行关联度较低，其风险承担受银行传导机制的影响不显著。随着金融市场的完善，非国有企业受益于金融市场的发展，融资渠道增加、融资约束缓解（樊纲 等，2010），风险承担也随之改变（*Structure* 系数显著）。一方面，资本市场的信息披露与信息传递有助于缓解银企间的金融摩擦；另一方面，银行业的制度改革及多层次银行体系的发展使非国有企业向银行贷款的融资约束有所缓解，因此非国有企业与银行关联度提高，货币政策可以通过银行部门有效影响非国有企业风险承担与金融市场的关系（$Iloan \times Structure$ 系数显著）。相反，在样本期内，货币政策通过银行监督对国有企业风险承担却产生了显著影响，背后的原因可能源于银行体系制度与国有企业改革。一方面，国企改革使得管理者目标更明确，有利于加强对国有企业的经营管理；另一方面，银行体系制度的改革使银行经营受政府干预有所降低，银行出于利润最大化原则，其监督作用相对增强。所以，货币政策通过银行部门对国有企业的风险承担产生了显著影响。

表 5.5　货币政策、金融结构与异质性企业风险承担

变量名	按所有权分组		按从事技术性行业分组		按企业融资依赖性分组	
	国有	非国有	高新技术	非高新技术	高依赖	非高依赖
Iloan	−0. 060 5* （0. 033 0）	−0. 041 4 （0. 055 3）	−0. 061 3* （0. 036 6）	−0. 014 7 （0. 039 6）	−0. 010 0 （0. 095 5）	−0. 061 3** （0. 030 0）
Structure	0. 000 1 （0. 000 1）	−0. 000 4* （0. 000 2）	−0. 000 2 （0. 000 2）	0. 000 0 （0. 000 2）	0. 000 4 （0. 000 3）	−0. 000 1 （0. 000 1）
Iloan × *Structure*	0. 247 6** （0. 109 5）	0. 440 8*** （0. 152 8）	0. 466 0*** （0. 112 5）	0. 157 0 （0. 120 3）	0. 125 1 （0. 204 9）	0. 316 7*** （0. 090 7）
L1. *Drisk*	−0. 413 8*** （0. 060 1）	−0. 180 2*** （0. 063 9）	−0. 487 0*** （0. 062 0）	−0. 178 4** （0. 082 3）	−0. 228 6** （0. 092 9）	−0. 379 0*** （0. 052 8）
L2. *Drisk*	−0. 298 5*** （0. 045 7）	−0. 113 4** （0. 056 7）	−0. 332 7*** （0. 050 5）	−0. 146 8** （0. 071 1）	−0. 238 5*** （0. 057 0）	−0. 270 3*** （0. 052 9）
Stockm	−0. 000 1 （0. 000 1）	−0. 000 1 （0. 000 1）	−0. 000 1 （0. 000 1）	−0. 000 3** （0. 000 1）	−0. 000 7*** （0. 000 2）	0. 000 1 （0. 000 1）
Age	−0. 000 2 （0. 000 5）	−0. 000 2 （0. 000 5）	−0. 000 1 （0. 000 5）	−0. 000 3 （0. 000 5）	0. 000 4 （0. 001 3）	−0. 000 5 （0. 000 4）
Gsales	0. 000 4 （0. 000 6）	−0. 000 1** （0. 000 05）	0. 000 1 （0. 000 8）	0. 000 5 （0. 000 7）	−0. 000 3 （0. 001 0）	0. 000 9 （0. 000 6）
Leverage	0. 001 0 （0. 000 7）	0. 001 2 （0. 000 9）	−0. 000 4 （0. 006 2）	0. 009 9 （0. 000 9）	0. 002 3* （0. 001 3）	0. 000 2 （0. 004 9）

表5.5(续)

变量名	按所有权分组		按从事技术性行业分组		按企业融资依赖性分组	
	国有	非国有	高新技术	非高新技术	高依赖	非高依赖
Tangible	-0.000 9 (0.000 07)	0.001 6 (0.001 5)	0.002 0* (0.001 2)	-0.000 6 (0.000 7)	-0.000 7 (0.001 0)	0.000 7 (0.008 0)
Size	-0.006 2*** (0.001 8)	-0.003 9 (0.003 3)	-0.006 2*** (0.002 4)	-0.003 2 (0.002 2)	-0.004 6 (0.003 2)	-0.002 5 (0.001 9)
Fs	0.000 5* (0.000 3)	0.000 7 (0.000 5)	-0.000 5 (0.000 3)	0.000 9** (0.000 4)	0.000 6 (0.000 5)	0.000 6** (0.000 3)
Roe	0.001 3 (0.000 9)	-0.000 2 (0.001 0)	-0.000 7 (0.001 0)	0.001 8** (0.000 9)	0.002 5 (0.001 8)	0.000 7 (0.000 8)
Dmacrisk	0.015 4 (0.024 0)	0.041 4 (0.048 4)	0.003 7 (0.026 9)	0.074 0* (0.041 1)	0.092 3* (0.053 2)	0.036 9 (0.023 8)
Wald 检验	129.07	77.78	172.97	80.13	93.95	216.44
P 值	0.000	0.000	0.000	0.000	0.000	0.000
AR(1)	0.004	0.000	0.039	0.001	0.017	0.000
AR(2)	0.543	0.333	0.164	0.756	0.700	0.614
Sargan 值	0.482	0.683	0.121	0.249	0.389	0.247

说明：***、** 和 * 分别表示 1%、5%和 10%的显著性水平，括号中的数字为标准误。变量名前的 L1 和 L2 分别表示该变量的滞后 1 期和 2 期。Wald 检验统计量和 *P* 值表示回归系数联合显著性，AR(1) 和 AR(2) 分别为一阶和二阶自回归结果，Sargan 值是过度识别约束检验。回归已控制行业效应。

除此之外，表 5.5 分别列出了技术型和外部融资依赖型分组回归结果。高新技术型企业由于常从事创新型项目，无足够抵押品来消除银企间信息不对称（Brown et al.，2009）。Rajan 和 Zingales（2001）的研究发现，在银行主导型金融体系中，信息不对称导致高新技术型企业的外部融资溢价显著，所以高新技术型企业从事高风险性项目的动机更大。银行想要减少损失，就必须付出更多的努力来监督企业经营，而较强的监督力度也必然会约束企业的过度风险承担。估计结果显示，基准利率每增加 1%，高新技术型企业风险承担在 10%水平上显著减少 0.061 3%。由于金融市场的发展有助于高新技术型企业通过发行股票获取资金，帮助其缓解融资约束（Farre-Mensa et al.，2013），降低其对银行部门的融资依赖，所以交互项系数估计值在 1%的水平显著为正（系数为 0.466 0）。相比之下，货币政策对非高新技术企业和外部融资高依赖型企业的风险承担不具有显著的传导效应（*Iloan* 和 *Iloan* × *Structure* 的系数不显著），原因可能是这两类企业与银行关系紧密，信息不对称程度较低，所以银行对这两类企业的监督力度不足，导致这两类企业的风险承担决策对货币政策冲击变化不敏感。相较于外部融资高依赖型企业对货币政策和金融结构的不敏感，外部融资低依赖型企业由于自筹资金占比较高，外部债务比例较低，所以所受融资约束效应较强。基准利率的改变会在 5%的显著水平上导致其外部融资机会成本大幅波动，因此货币政策通过银行监督显著影响该类企业风险承担（负向影响）。当金融市场发展，企业可以通过股票市场获取股本时，金融市场的发展就能有效帮助企业缓解融资约束，减弱企业对银行体系传导的敏感性。所以，在货币政策调控信号的释放下，金融市场发展带来的影响的交互项系数估计值为 0.316 7，在 1%的水平上显著。

5.5 本章小结

本章从我国银行主导型典型化事实背景出发，结合转轨时期经济结构特征，首先分析金融中介和金融市场在处理信息与资源配置、监督经营与公司治理、风险平滑与风险分担三方面的功能差异，其次从理论和经验层面论证金融市场的发展对银行监督视角下企业货币政策风险承担效应的影响。以企业价值最大化为目标，在第四章基准模型的基础之上，我们构建了一个引入金融市场的拓展模型。根据模型结论提出假说 2，并以 2004—2015 年中国 A 股上市公司季度数据为样本，利用动态面板广义矩法，对假说 2 进行了验证。研究发现，随着金融市场的发展，企业融资渠道增加，弱化了企业部门对银行融资的依赖，减小了货币政策冲击通过银行监督对企业风险承担产生的负向影响。同时，异质性企业由于本身属性的不同，选择的风险性投资项目也不同，而推进金融市场化改革可以使企业从金融市场上得到替代性的资金补充，有助于企业抓住净现值为正的投资机会，所以企业所有权、技术类型和外部融资依赖变量决定了货币政策、金融结构与企业风险承担三者间关系的有效性。由此可知，将外部货币环境和外部金融市场的发展纳入企业投资决策范围具有实际意义。

6 结论、政策建议及进一步研究方向

6.1 主要结论

聚焦推进货币政策框架转型、促进金融服务于实体经济和加快转变实体经济发展方式等中国经济热点问题，系统且深入地考察货币当局政策变化对企业风险承担的影响及作用机理，具有重要理论价值和实践意义。鉴于此，在厘清关键概念、总结已有学者研究的基础之上，本书首先回顾和评述了改革开放至今中国货币政策框架转型的历程，接下来以 2004 年第一季度到 2015 年第三季度中国企业风险承担变化趋势为依据，从企业、国家双层面定量分析中国货币政策给企业风险承担带来的经济后果，揭示了研究货币政策与企业风险承担关系的价值意义，紧接着分析中国货币政策、银行贷款决策和企业风险承担三者关联，初步总结出银行贷款决策是货币政策影响企业风险承担的一个内在重要传导机制的结论。其次，在比较分析银行中介作用和借鉴相关研究成果的基础之上，结合中国转型期货币政策调控的典型事实，选择最优传导效率的货币政策工具，构建理论模型，全面且深入地分析货币政策如何通过银行监督影响企业风险承担，结果显示，紧缩的货币政策通过提升银行监督力度可以降低企业风险承担水平。再次，本书利用人工收集的企业向银行贷款的详细数据，采用中介效应评估方法对基准模型提出的假说进行验证，实证结果有效支持理论结论，证实了银行监督是货币政策影响企业风险承担的内在传导关键。考虑到我国银行和企业的特质性差异问题，本书对该假说也在不同特质性银行、企业中展开非对称效应检验，尤其是所有权特性因素，运用 Blinder-Oaxaca 和 Cotton 分解明晰了企业禀赋是不同所有制企业的风险承担差异主要来源。最后，考虑到金融市场的发展会导致金融结构改变，同时金融结构的改变也会导致企业融资方式不同，并反作用货币政策的传导，对此，本书针对货币政策、金融市场化改革和企业风险承担展开进一步研究，通过模型拓展和实证分析发现，金融市场越发达，货币政策通过银行监督对企业风险承担产生的负向影响就越会被削弱。基于全书理论和实证研究结果，主要结论如下：

（1）宽松货币政策通过影响企业风险承担，不仅促进当期企业价值增加和经济增长，还进一步提升下期企业价值并促进未来经济增长。这既表明货币政策通过影响企业风险承担对实体经济长期发展具有意义，又意味着实体经济的发展依赖于宏观环境变化，证实了实体经济的长期发展与实体经济不稳定性的关联。因此，将外部货币环境纳入企业投资决策范围并探索两者间的内在机制具有实际意义。

（2）银行监督是货币政策影响企业风险承担的内在传导关键。本书以企业价值最大化为目标，通过建立一个有关银企互动的静态模型，在货币政策外生冲击改变的条件下，推导出货币政策通过银行监督影响企业风险承担的作用机理，并根据人工收集的上市企业向银行借款数据，对此给予了进一步经验支持。这一结论补充了涉及货币政策与企业风险承担两者关系的相关研究，证实了货币政策影响企业风险承担的作用机理。同时，本书研究所揭示的宏观政策对企业风险投资决策的影响，为政府在控制风险的同时实现经济的可持续发展提供了有效经验证据。

（3）货币政策对企业风险承担的影响在特质性差异银行和企业中存在非对称性。考虑到不同企业对外部融资环境的敏感性存在较大差异，进一步分析验证了微观主体的特质性差异对货币政策传导效率的改变。一方面，通过比较不同类型商业银行，证实了不同特质性银行的监督差异；另一方面，按照企业所有权、技术类型和外部融资依赖程度分类回归，确认了货币政策的传导在异质性企业中的非对称性。

（4）国有企业与非国有企业的风险承担差异主要源于企业禀赋而非所有制特性。鉴于中国改革开放以来所有权特质性差异在企业融资环境中的影响，本书采用 Blinder-Oaxaca 和 Cotton 的回归分解法，将不同所有制企业的风险承担差异进行分解，明晰了风险承担差异中各部分的贡献力度，从而弥补了现有文献的不足，为正确理解不同所有制企业的风险承担差异行为提供了新的解释。该研究结果不仅揭示了国有企业与非国有企业风险承担差异的主要来源，还发现了资产规模等禀赋在非国有部门中被低估和国有企业的风险承担与其能力不匹配的现象。这说明，非国有企业的发展还存在潜力待挖掘，而国有企业仍需进一步加强实力、深化改革。

（5）金融市场传导机制与银行传导机制互为替代。本书以企业价值最大化为目标，在基准模型的基础之上，将金融市场引入，构建拓展模型并提出假说2，采用2004—2015年中国A股上市公司季度数据为样本，利用动态面板广义矩法，对假说2进行了验证。研究结论证实了金融市场的发展可以弱化企业部门对银行的融资依赖，减小货币政策冲击通过银行监督对企业风险承担产生的负向影响。此外，研究结果还表明企业所有权、技术类型、外部融资依赖变量决定了上述研究结论的有效性。

6.2 政策建议

基于全书的研究发现和研究结论，结合中国经济当前货币政策转型和金融服务于实体的现状，为了加强宏观政策的传导效率以更好地促进实体经济发展，本书从以下五个方面提出具体的政策建议：

6.2.1 培育可被市场接受的基准利率，继续推进新时期货币政策框架转型

伴随着我国利率市场化的基本完成，需构建新的货币政策框架，第一步是培育可被市场接受的基准利率。从全书对货币政策框架转型历程的回顾来看，我们知道了现行推进货币政策从“数量型”向“价格型”转变的必要性，但从货币政策工具选择的实证研究结果与LPR改革的现实情况来看，仍要继续深化推进基准利率的形成。虽然我们在利率传导效率的检验里面已证明，贷款基准利率是传导至中长期零售利率效率最佳的货币政策工具，然而2013年开始贷款基准利率下限完全放开，但现有市场利率定价机制的不畅通和市场利率与信贷市场利率的分割，导致利率传导效果还有待进一步完善。面对上述问题，现阶段仍有必要继续深化利率市场化改革，培育有效的市场基准利率，疏通货币政策传导，这有利于实体经济稳健发展。除此之外，本书另通过机制分析阐明了货币政策通过金融体系对实体经济的影响，证明了货币政策影响企业风险承担的渠道的存在。由此可见，货币政策具有非中性特征，央行应纳入金融稳定目标，建立“货币政策+宏观审慎政策”双支柱策略，以在必要时进行逆周期调控来防范金融体系的顺周期所衍生出的系统性风险。

6.2.2 深化银行业改革，提升金融服务实体经济的能力

本书研究首先证实货币政策通过银行监督影响企业的风险承担水平，表明银行的贷款监督是保障货币政策影响企业风险决策传导畅通的关键。因此，企

业的风险投资不仅需将货币当局的政策调控纳入决策范围，也需重视金融中介部门的监督力度，这就告诉我们需要将金融与实体经济相联系。其次，通过明晰上市企业的主要融资渠道来源和融资成本，揭示中国上市企业已占据大量最优资源的典型事实，表明中小企业融资困境既受限于中小企业自身禀赋，又受限于银行金融可支持性的问题，对中小企业“融资难融资贵”问题的解决提供了参考性建议。所以，政府要想缓解中小企业的“融资难融资贵”困境，仍需进一步加强中小企业自身发展和深化银行业改革。最后，通过货币政策在不同特质性差异企业的分组回归，研究揭示了银行监督视角下我国货币政策在异质性企业间的传导差异，从另一角度再次反映出金融服务于实体经济的必要性。值得注意的是，从传导效率的影响系数来看，由于系数绝对值较小，说明我国金融服务于实体经济的效果还有待改善，需要进一步加强落实，因此加大金融支持的包容性具有重要意义。

6.2.3 促进非国有企业发挥内在潜力，提升自身可持续发展动力

本书通过分解风险承担差异，发现存在非国有企业内部资产规模等禀赋特征被低估的现象。由此可见，在我国非国有上市企业的长期可持续发展过程中，并非企业的所有禀赋特征都能成功转化为企业自身长期发展的动力，因此，合理对企业的禀赋优势加以评估，有利于企业实施正确的风险投资决策，并提升绩效。

6.2.4 继续深化国有企业改革，针对不同类型国有企业实施不同改革方案

基于国有企业经营效率的不稳定对其他所有制企业及市场经济的溢出效应，建议增强国有企业经营效率稳定性，稳健推进经济可持续发展。具体而言：第一，强化国有企业内在实力，提升国有企业价值。国有企业经营效率不高，不仅挤占非国有企业资源，同时也抑制非国有企业的发展，所以要增强国有企业实力，优化国有资本布局结构，使其释放并共享出资源与非国有企业共同发展。第二，深化国有企业改革，在竞争性领域发展混合所有制经济。这可以从本书研究结果来看：一方面，国有企业虽然具有更强的“硬”信息优势、资源优势和政策优势，但国有企业却未承担与之能力相匹配的风险水平，抑制了非国有企业的资源获取，不利于经济持续发展；另一方面，虽然禀赋特征是影响风险承担差异的本质原因，但由于非国有企业资源获取的劣势，部分禀赋价值在非国有企业中尚被低估。可想而知，在竞争性领域内，发展立足于国有企业吸引民营资本交叉持股和立足于非国有企业吸引国有资本交叉持股的混合

所有制经济具有现实意义。

6.2.5 推进金融市场化改革，缓解企业融资困境

研究发现，金融中介和金融市场两种融资渠道在货币政策对企业风险承担影响的研究范畴内存在替代效应，因此从本书研究逻辑出发，提倡发展有效的资本市场，可以拓宽企业的融资渠道，有助于企业缓解融资难和融资贵困境，从而选择更多净现值为正的投资项目。但中国作为典型的银行主导型金融体系，虽然存在货币政策通过银行部门传导至部分企业（非国有企业）受阻的问题，但这并不意味着要放弃信贷市场，尤其是当今仍有大部分非上市中小企业无法从市场融资，所以货币政策通过银行部门传导的重要性不言而喻。因此，在经济发展的任何时期，银行和市场两者缺一不可。

6.3 进一步研究方向

尽管我们在本书中尽力做到理论分析、实证分析和规范分析的连贯与统一，实证结论也基本支持本书理论模型的分析，但是纵览全书，仍有以下不足之处有待改进并进一步研究：

（1）考虑货币政策转型期的不同传导作用机理

考虑到本书基础模型中的验证以年度数据为基础，所以时间选取截至2015年。实际上，受限于市场分割，我国尚未形成由银行间隔夜拆借利率和不同期限国债收益率所组成的无风险收益率曲线或期限结构曲线，不具有充当相应期限金融资产定价基准的条件。但伴随着利率市场化改革的逐步推进，尤其是2015年后，中期借贷便利较高的使用频率及较大的投放规模和LPR改革的推出，当前我们正在积极推动构建新的货币政策框架，培育可被市场接受的基准利率为货币政策框架转型创造基础条件。因此，未来在进一步研究货币政策与债券市场、金融市场和相应衍生品市场的传导效率中，分析新型货币政策工具对微观主体的影响强度具有实际意义。但是，转型期放开利率管制并不等于实现了利率市场化，我们仍需继续深化利率市场化改革，尤其在金融创新等步伐加快的当下，我们还需守住不发生系统性风险，从而达到更为有效的预期引导。对此，在中国经济可持续增长和结构调整的十字路口，要想实现经济的可持续增长，一是有必要对诸如常备借贷便利（SLF）、中期借贷便利（MLF）和抵押补充贷款（PSL）、定向降准、差别存款准备金率等结构性货币政策和

经济结构调整之间的关系进行新的尝试和研究；二是有必要在分析货币政策与宏观审慎政策相协调的机制中，探索两者相协调的宏观金融政策框架下的传导作用机理。

（2）考虑银行传导机制下的其他渠道

考虑到银行与企业之间的信息不透明，企业项目的选择无法被银行直接观测到，所以不同风险项目会带来不同的结果。风险的高低，一方面影响企业投资成功概率，进而影响企业期望收益，另一方面影响企业管理投资项目的成本和破产清算价值。因此，银行除对企业投资经营活动进行监督之外，在企业投资失败进入清算阶段时，也会花费一定成本对企业最终清算资产进行核实（costly state verification）。通过核实，银行可以甄别出更多破产清算资产信息，获得更多企业项目投资清算收益，在核实收益与成本的权衡中决定其最优付出。鉴于此，除本书所论述的银行监督渠道，货币政策也有可能通过银行的事后资产核实渠道对企业风险承担产生影响，而这一影响结果又将如何，是未来值得努力研究的方向。

（3）金融市场传导机制下的作用机理

本书虽然已考虑金融市场化改革的影响，但研究思路仍从我国银行主导型金融体系的典型事实出发，加入金融结构因素，探讨并分析金融市场的发展对银行监督视角下货币政策企业风险承担效应的影响。随着金融创新、金融自由化和利率市场化的完成，中国金融市场体系也将逐渐完善，货币政策通过金融市场的传导影响不可避免地也将逐渐增强。那么，在此情形下，货币政策与企业风险承担会表现出何种关系，而金融市场又在其中扮演什么角色，发挥何种作用？此研究同样也具有理论和实践意义。

（4）企业间风险传染视角

企业之间内生互动的存在，常常导致最终的货币政策传导效果产生差异，内生互动会强化货币政策效果，尤其在高风险承担意愿企业中表现突出。当企业的系统越重要，所处的核心节点位置就越重要，货币政策对企业风险投资的传染性越广，则企业风险承担传染效应的顺周期性越强。因此，考虑风险传染特征，也是未来研究的方向。

（5）世界货币政策的国际间溢出效应

本书的研究视野主要定位于国内货币政策对企业风险承担的影响，然而随着全球化趋势的不断推进，国与国之间无论是贸易、经济或文化等多方面往来也越加频繁，国家间经济依存度逐渐加强，把视野局限于国内，这显然忽视了现今开放型经济体的现实情况。由于全球一体化以及区域一体化的不断加强，金融工具的创新及普及，导致微观主体的金融资产分散化、投资组合多样化，这既具有分散风险的优势，同时又引起了不同经济主体间关联度的提高。因此，一国货币政策既可以通过资产价格渠道，将货币政策的影响在不同经济依存度的国家间扩散，又可以通过国际间贸易往来和汇率的改变打破其他国家微观主体的实际资产负债表的平衡。所以，当一国尤其是世界经济体强国的货币政策发生改变时，该国的溢出效应会通过收入效应（总需求改变）和价格效应（货币贬值）使与其有往来的另一国经常项目差额与本国趋同，从而导致关联国经济基本面、微观主体资产负债表和风险承担改变。

参考文献

白俊，连立帅，2012. 信贷资金配置差异：所有制歧视抑或禀赋差异？[J] 管理世界，6：30-42，73.

白重恩，路江涌，陶志刚，2006. 国有企业改制效果的实证研究 [J]. 经济研究，8：4-13，69.

陈雨露，汪昌云，2006. 金融学文献通论（宏观金融卷）[M]. 北京：中国人民大学出版社.

程恩富，彭文兵，2002. 社会关系网络：企业新的资源配置形式 [J]. 上海行政学院学报，2：79-89.

樊纲，王小鲁，朱恒鹏，2010. 中国市场化指数 [M]. 北京：经济科学出版社.

何德旭，冯明，2019. 新中国货币政策框架 70 年：变迁与转型 [J]. 财贸经济，9：5-20.

何德旭，余晶晶，2019. 中国货币政策传导的现实难题与解决路径研究 [J]. 经济学动态，8：21-39.

胡奕明，林文雄，李思琦，等，2008. 大贷款人角色：我国银行具有监督作用吗？[J]. 经济研究，10：52-64.

胡奕明，谢诗蕾，2005. 银行监督效应与贷款定价：来自上市公司的一项经验研究 [J]. 管理世界，5：27-36.

胡育蓉，朱恩涛，龚金泉，2014. 货币政策立场如何影响企业风险承担：传导机制与实证检验 [J]. 经济科学，1：39-55.

黄速建，余菁，2006. 国有企业的性质、目标与社会责任 [J]. 中国工业经济，2：68-76.

江曙霞，陈玉婵，2012. 货币政策、银行资本与风险承担 [J]. 金融研究，4：1-16.

蒋瑛琨，刘艳武，赵振全，2005. 货币渠道与信贷渠道传导机制有效性的实证分析：兼论货币政策中介目标的选择［J］. 金融研究，5：70-79.

李科，徐龙炳，2011. 融资约束、债务能力与公司业绩［J］. 经济研究，5：61-73.

李文贵，余明桂，2012. 所有权性质、市场化进程与企业风险承担［J］. 中国工业经济，12：115-127.

连玉君，苏治，2009. 融资约束、不确定性与上市公司投资效率［J］. 管理评论，1：19-26.

林朝颖，黄志刚，杨广青，等，2015. 基于企业微观的货币政策风险承担渠道理论研究［J］. 国际金融研究，6：21-32.

刘海明，曹廷求，2016. 基于微观主体内生互动视角的货币政策效应研究：来自上市公司担保圈的证据［J］. 经济研究，5：159-171.

刘瑞明，2011. 金融压抑、所有制歧视与增长拖累：国有企业效率损失再考察［J］. 经济学季刊，2：603-618.

刘瑞明，石磊，2010. 国有企业的双重效率损失与经济增长［J］. 经济研究，1：127-137.

刘锡良，李镇华，2005. 我国经济波动与金融稳定［J］. 上海金融学院学报，5：5-14.

刘锡良，周彬蕊，许坤，2018. 企业风险承担差异：所有制特性抑或禀赋差异?［J］ 经济评论，4：106-119.

刘锡良，等，2004. 中国经济转轨时期金融安全问题研究［M］. 北京：中国金融出版社.

刘阳，黄皖璇，罗荣华，2015. 信息不对称与贷款监督：基于共同授信公告的视角［J］. 经济学季刊，4：1445-1466.

卢馨，郑阳飞，李建明，2013. 融资约束对企业 R&D 投资的影响研究：来自中国高新技术上市公司的经验证据［J］. 会计研究，5：51-58.

陆正飞，王雄元，张鹏，2012. 国有企业支付了更高的职工工资吗?［J］ 经济研究，3：28-39.

罗荣华，黄皖璇，陶启智，等，2014. 银根紧缩与银行信贷的监督作用：基于贷款公告反应的视角［J］. 金融研究，7：63-75.

马骏，纪敏，2016. 新货币政策框架下的利率传导机制［M］. 北京：中国金融出版社。

马文超，2015. 货币政策对企业融资决策的影响［M］. 成都：西南财经大学出版社.

马文涛，2011. 货币政策的数量型工具与价格型工具的调控绩效比较：来自动态随机一般均衡模型的证据［J］. 数量经济技术经济研究，10：92-110.

牛晓健，裘翔，2013. 利率与银行风险承担：基于中国上市银行的实证研究［J］. 金融研究，4：15-28.

钱龙，2015. 信息不对称与中小企业信贷风险缓释机制研究［J］. 金融研究，10：115-132.

饶品贵，姜国华，2013. 货币政策、信贷资源配置和企业业绩［J］. 管理世界，3：12-22.

饶品贵，姜国华，2013. 货币政策对银行信贷与商业信用互动关系影响研究［J］. 经济研究，1：68-82.

沈红波，张广婷，阎竣，2013. 银行贷款监督、政府干预与自由现金流约束［J］. 中国工业经济，5：96-108.

沈红波，寇宏，张川，2010. 金融发展、融资约束与企业投资的实证研究［J］. 中国工业经济，6：55-64.

盛丹，王永进，2010. 地方政府周期性财政收支、融资依赖与地区出口结构［J］. 金融研究，11：1-18.

苏东蔚，曾海舰，2009. 宏观经济因素与公司资本结构变动［J］. 经济研究，12：52-65.

孙国峰，段志明，2016. 中期政策利率传导机制研究：基于商业银行两部门决策模型的分析［J］. 经济学（季刊），16（1）：340-370.

孙会霞，陈金明，陈运森，2013. 银行信贷配置、信用风险定价与企业融资效率［J］. 金融研究，11：55-67.

孙亮，柳建华，2011. 银行业改革、市场化与信贷资源的配置［J］. 金融研究，1：94-109.

瓦什，2001. 货币理论与政策［M］. 北京：中国人民大学出版社.

汪莉，王先爽，2015. 央行预期管理、通胀波动与银行风险承担［J］. 经济研究，10：34-48.

汪洋，2009. 中国货币政策工具研究［M］. 北京：中国金融出版社.

王君斌，郭新强，王宇，2013. 中国货币政策的工具选取、宏观效应与规则设计［J］. 金融研究，8：1-15.

王志强，孙刚，2003. 中国金融发展规模、结构、效率与经济增长关系的经验分析［J］. 管理世界，7：13-20.

王志强，孙刚，2003. 中国金融发展规模、结构、效率与经济增长关系的经验分析［J］. 管理世界，7：13-20.

温忠麟，叶宝娟，2014. 中介效应分析：方法和模型发展［J］. 心理科学进展，5：731-745.

温忠麟，张雷，侯杰泰，等，2004 . 中介效应检验程序及其应用［J］. 心理学报，5：614-620.

吴延兵，2012. 国有企业双重效率损失研究［J］. 经济研究，3：15-27.

伍戈，李斌，2016. 货币数量、利率调控与政策转型［M］. 北京：中国金融出版社.

伍中信，张娅，张雯，2013. 信贷政策与企业资本结构：来自中国上市公司的经验证据［J］. 会计研究，3：51-58，96.

项卫星，李宏瑾，2012. 我国中央银行数量型货币调控面临的挑战与转型方向［J］. 国际金融研究，7：20-28.

谢平，罗雄，2002. 泰勒规则及其在中国货币政策中的检验［J］. 经济研究，3：3-12，92.

姚余栋，李宏瑾，2013. 中国货币政策传导信贷渠道的经验研究：总量融资结构的新证据［J］. 世界经济，3：3-32.

姚余栋，谭海鸣，2013. 央票利率可以作为货币政策的综合性指标［J］. 经济眼，A2：63-74.

叶康涛，祝继高，2009. 银根紧缩与信贷资源配置［J］. 管理世界，1：22-28.

尹志超，钱龙，吴雨，2015. 银企关系、银行业竞争与中小企业借贷成本［J］. 金融研究，1：134-149.

游家兴，刘淳，2011. 嵌入性视角下的企业家社会资本与权益资本成本：来自我国民营上市公司的经验证据［J］. 中国工业经济，6：109-119.

余明桂，李文贵，潘红波，2013a. 管理者过度自信与企业风险承担［J］. 金融研究，1：149-163.

余明桂，李文贵，潘红波，2013b. 民营化、产权保护与企业风险承担［J］. 经济研究，9：112-124.

余永定，2014. 货币政策短长策：货币政策转型的长久之计［J］. 中国改革，11：8-13.

曾海舰，苏冬蔚，2010. 信贷政策与公司资本结构［J］. 世界经济，8：17-42.

战明华，应诚炜，2015. 利率市场化改革、企业产权异质与货币政策广义信贷渠道的效应［J］. 经济研究，9：114-126.

张斌，熊婉婷，2019. 经济结构转型与“双支柱”调控框架［J］. 金融研究，12：92-105.

张玲，曾维火，2004. 基于Z值模型的我国上市公司信用评级研究［J］. 财经研究，6：5-13.

张敏，童丽静，许浩然，2015. 社会网络与企业风险承担：基于我国上市公司的经验证据［J］. 管理世界，11：161-175.

张三保，张志学，2012. 区域制度差异，CEO管理自主权与企业风险承担：中国30省高技术产业的证据［J］. 管理世界，4：101-114，188.

张太原，谢赤，高芳，2007. 利率对上市公司资本结构影响的实证研究［J］. 金融研究，12：179-185.

张雪兰，何德旭，2012. 货币政策立场与银行风险承担：基于中国银行业的实证研究（2000—2010）［J］. 经济研究：47（5）：31-44.

张一林，樊纲治，2016. 信贷紧缩、企业价值与最优贷款利率［J］. 经济研究：51（6）：71-82.

赵振全，于震，刘森，2007. 金融加速器效应在中国存在吗？［J］. 经济研究，6：27-38.

周彬蕊，刘锡良，张琳，2017. 货币政策冲击、金融市场化改革与企业风险承担［J］. 世界经济，10：93-118.

周耀东，余晖，2012. 国有垄断边界、控制力和绩效关系研究［J］. 中国工业经济，6：31-43.

周英章，蒋振声，2002. 货币渠道、信用渠道与货币政策有效性：中国1993—2001年的实证分析和政策含义［J］. 金融研究，9：34-43.

ACEMOGLU D, ZILIBOTTI F, 1997. Was prometheus unbound by chance? Risk, diversification, and growth [J]. Journal of Political Economy, 15 (4): 709-751.

ACHARYA V V, AMIHUD Y, LITO L, 2011. Creditor rights and corporate risk-taking [J]. Journal of Financial Economics, 102 (1): 150-166.

ADRIAN T, SHIN H, 2009. Financial intermediaries and monetary economics [R]. Federal Reserve Bank of New York Staff Reports, No. 398.

AGOSTINO M, GAGLIARDI F, TRIVIERI F, 2012. Bank competition, lending relationships and firm default risk: An investigation of Italian SMEs [J]. Internatioal Small Business Journal, 30 (8): 907-943.

ALLEN F, GALE D, 1997. Financial markets, intermediaries, and intertemporal smoothing [J]. Journal of Political Economy, 105 (33): 523-546.

ALLEN F, QIAN J, QIAN M J, 2005. Law, finance, and economic growth in

China [J]. Journal of Financial Economics, 77 (1): 57-116.

ALLEN F, CARLETTI E, MARQUEZ R, 2011. Credit market competition and capital regulation [J]. The Review of Financial Studies, 24 (4): 983-1018.

ALMEIDA H, CAMPELLO M, 2007. Financial constraints, asset tangibility and corporate investment [J]. Review of Financial Studies, 20 (5): 1429-1460.

ALTUNBAS Y, GAMBACORTA L, IBAÑEZ D M, 2009. An empirical assessment of the risk-taking channel [C]. The Monetary policy and financial stability BIS/ECB conference.

AMIHUD Y, LEV B, 1981. Risk reduction as a managerial motive for conglomerate mergers [J]. The Bell Journal of Economics, 12 (2): 605-617.

ANDO A, MODIGLIANI F, 1963. The "Life Cycle" hypothesis of saving: Aggregate implications and tests [J]. American Economic Review, 53 (1): 55-84.

BAILEY W, HUANG W, YANG Z, 2011. Bank Loans with Chinese Characteristics: Some evidence on inside debt in a state-controlled banking system [J]. Journal of Financial and Quantitative Analysis , 46 (6): 1795-1830.

BAKERM P, WURGLER J, 2013. Behavioral corporate finance: An updated survey [J]. Handbook of the Economics of Finance: 357-424.

BARGERON L L, LEHN K, ZUTTER C, 2010 [J]. Sarbanes-oxley and corporate risk-taking [J]. Journal of Accounting and Economics, 49 (1-2): 34-52.

BARNEA E, Y LANDSKRONER, SOKOLER M, 2015 [J]. Monetary policy and financial stability in a banking economy: Transmission mechanism and policy tradeoffs [J]. Journal of Financial Stability, 18 (12): 78-90.

BARON R M, KENNY D A, 1986. The moderator-mediator variable distinction in social psychological research: Conceptual, strategic, and statistical considerations [J]. Journal of Personality and Social Psychology, 51 (6): 1173-1182.

BARTJARGAL B, LIU M, 2004 [J]. Entrepreneurs' assess to private equity in China: The role of social capital [J]. Organization Science, 15 (2): 159-172.

BARRO R J, 1991. Economic growth in a cross section of countries [J]. The Quarterly Journal of Economics, 106 (2): 407-443.

BAUMOL W, LITAN R, SCHRAMM C, 2007. Good capitalism, bad capitalism, and the economics of growth and prosperity [M]. New Haven: Yale University Press.

BERNANKEB S, BLINDER A S, 1988. Credit, money, and aggregate demand

[J]. American Economic Review, 78 (2): 435-439.

BEST R, ZHANG H, 1993. Alternative information sources and the information content of bank loans [J]. Journal of Finance, 48 (4): 1507-1523.

BIZJAK J, BRICKLEY J, COLES J, 1993. Stock-based incentive compensation and investment behavior [J]. Journal of Accounting and Economics, 16 (1-3): 349-372.

BLINDER A, 1973. Wage discrimination: Reduced form and structural estimates [J]. Journal of Human Resources, 8 (4): 436-455.

BOIVIN J, KILEY M T, MISHIKIN F T, 2011. How has the monetary transmission mechanism evolved over time [J]. Handbook of Monetray Economics, 3A (8): 370-422.

BOOT A W A, THAKOR A W, 1994. Moral hazard and secured lending in an infinitely repeated credit market game [J]. International Economic Review, 35 (4): 899-920.

BORIO C, ZHU H, 2012. Capital regulation, risk-taking and monetary policy: A missing link in the transmission mechanism [J]. Journal of Financial Stability, 8 (4): 236-251.

BOUBAKRIN, COSSET J C, SAFFAR W, 2013. The role of state and foreign owners in corporate risk-taking: Evidence from privatization [J]. Journal of Financial Economics, 108 (3): 641-658.

BOUGHEAS S, MIZENP, YALCIN C, 2006. Access to external finance: Theory and evidence on the impact of monetary policy and firm-specific characteristics [J]. Journal of Banking & Finance, 30 (1): 199-227.

BOYD J H, Prescott E C, 1986. Financial intermediay-coalitions [J]. Journal of Economic Theory, 38 (2): 211-232.

BROMILEY P, 1991. Testing a causal model of corporate risk taking and performance [J]. The Academy of Management Journal, 34 (1): 37-59.

BROWN J R, FAZZARIS M, PETERSEN B, 2009. Financing innovation and growth: Cash flow, external equity, and the 1990s R&D boom [J]. Journal of Finance, 64 (1): 151-185.

BRUMBERG R E, MODIGLIANI F, 1954. Utility analysis and the consumption function: An interpretation of cross-section data [J]. New Brunswick: Rutgers University Press.

BURKART M, PANUNZIF, SHLEIFER A, 2003. Family Firms [J]. Journal of

Finance, 58 (5): 2167-2201.

CERQUEIRO G, S ONGENA, ROSZBACH K, 2016. Collateralization, bank loan rates, and monitoring [J]. Journal of Finance, 71 (3): 1295-1322.

CHATELAIN J B, GENERALE A, HERNANDO I, et al., 2003. New findings on firm investment and monetary transmission in the Euro area [J]. Oxford Review of Economic Policy, 19 (1): 73-83.

CHAVA S, ROBERTS M R, 2008. How does financing impact investment? The role of debt covenants [J]. Journal of Finance, 63 (5): 2085-2121.

CHRISTOFFEL K, COENENG, WARNE A, 2008. The New area-wide model of the Euro area a microfounded open-economy model for forecasting and policy analysis [R]. European Central Bank, Working Paper Series 944.

CHULLUUN T, PREVOSL A K, PUTHENPURACKAL J, 2010. Board networks and the cost of corporate debt [R]. Loyola University Maryland, Working Paper.

COLEMAN A D F, ESHO N, SHARPE I G, 2006. Does bank monitoring influence loan contract terms [J]. Journal of Financial Services Research, 30 (2): 177-198.

Coles J L, Daniel H D, Naveen N D, 2006. Managerial Incentives and risk-taking [J]. Journal of Financial Economics, 79 (2): 431-468.

CORE J, GUAY W, 1999. The use of equity grants to manage optimal equity incentive levels [J]. Journal of Accounting and Economics, 28 (2): 151-184.

COTTON J, 1988. On the decomposition of wage differentials [J]. The Review of Economics and Statistics, 70 (2): 236-243.

DAHL M, PEDERSEN C, 2005. Social networks in the R&D process: The case of the wireless communication industry around Aalborg, Denmark [J]. Journal of Engineering and Technology Management, 22 (1-2): 75-92.

DANIELK, AMOS T, 1979. Prospect theory: An analysis of decision under risk [J]. Econometrica , 47 (2): 263-291.

DE LA FUENTE A, MARIN J M, 1996. Innovation bank monitoring and endogenous financial development [J]. Journal of Monetary Economics, 38 (2): 269-301.

DELI D, 2002. Mutual fund advisory contracts: An empirical investigation [J]. Journal of Finance, 57 (1): 109-133.

DELIS M D, KOURETAS G P, 2011. Interest rates and bank risk-taking [J]. Journal of Banking & Finance, 35 (4): 840-855.

DELONG J B, SUMMERS L H, 1991. Equipment investment and economic growth [J]. The Quarterly Journal of Economics, 106 (2): 445-502.

DEMIRGUC-KUNT A, FEYEN E, LEVINE R, 2013. The evolving importance of banks and securities market [J]. World Bank Economic Review, 27 (3): 476-490.

DELL' ARICCIA G, MARQUEZ R, 2006. Lending booms and lending standards [J]. Journal of Finance, 61 (5): 2511-2546.

DIAMOND D W, 1984. Financial intermediation as delegated monitoring [J]. Review of Economic Studies, 51 (3): 393-414.

DIAMOND D W, 1991. Monitoring and reputation: The choice between bank loans and directly placed debts [J]. Journal of Political Economy, 99 (4): 689-721.

DOIDGE C, K. G. ANDREWK G, STULZ R M, 2007. Why do countries matter so much for corporate governance? [J]. Journal of Financial Economics, 86 (1): 1-39.

EDGE R M, KILEY M T, LAFORTE J P, 2007. Documentation of the research and statistics division's estimated DSGE model of the U. S. economy: 2006 version [R]. FEDS Working Paper, No. 2007-53.

ELDER T E, GODDEERISJ, HAIDER S J, 2010. Unexplained gaps and oaxaca-blinder decompositions [J]. Labour Economics, 17 (1): 284-290.

FACCIO M, MARCHIC M T, MURA R, 2011. Large shareholder diversification and corporate risk-taking [J]. The Review of Financial Studies, 24 (11): 3601-3641.

FACCIO M, MARCHICAM, MURA R, 2016. CEO gender, corporate risk-taking, and the efficiency of capital allocation [J]. Journal of Corporate Finance, 39: 193-209.

FAMA E F, MILLER M H, 1972. The theory of finance [M]. New York: The Dryden Press.

FARRE-MENSA J, LJUNGQVIST A, 2013. Do measures of financial constraints measure financial constraints? [R]. NBER Working Paper , No. 19551.

Fazzari S, HubbardR G, Petersen B C, 1988. Financing constraints and corporate investment [J]. Brookings Papers on Economic Activity, 1998 (1): 141-195.

FEYZIOGLU T, PORTER N, TAKÁTS E, 2009. Interest rate liberalization in China [R]. International Monetary Fund Working Paper , No. 09/171.

FIEGENBAUM A, THOMAS H, 1988. Attitudes toward risk and the risk-return paradox: Prospect theory explanations [J]. Academy of Management Journal, 31 (1): 85-106.

FOGEL K, MORCKR, YEUNG B, 2008. Big business stability and economic growth: Is what's good for general motors good for America? [J]. Journal of Financial Economics, 89 (1): 83-103.

GAGGL P, VALDERRAMA M T, 2011. Do Banks Take More Risk in Extended Periods of Expansive Monetary Policy? Evidence from a Natural Experiment [J]. Mimeo.

GAVER J, GAVER K, 1993. Additional evidence on the association between the investment opportunity set and corporate financing, dividend, and compensation policies [J]. Journal of Accounting and Economics, 16 (1-3): 125-160.

GERŠL A, JAKUBÍK P, 2010. Relationship lending, firms' behavior and credit risk: Evidence from the Czech Republic [R]. IES Working Paper, No. 22.

GERTLER M, GILCHRIST S, 1993. The role of credit market imperfections in the monetary transmission mechanism: Arguments and evidence [J]. The Scandinavian Journal of Economics, 95 (1): 43-64.

GERVAIS S, HEATONJ B, ODEAN T, 2003. Overconfidence, investment policy, and executive stock options [R]. Rodney L White Center for Financial Research, Working Paper No. 15-02,

GRAHAMJ R, HARVEY C R, PURI M, 2013. Managerial attitudes and corporate actions [J]. Journal of Financial Economics, 109 (1): 103-121.

GREENWOOD R, SUDDABY R, 2006. Institutional entrepreneurship in mature fields: The big five accounting firms [J]. Academy of Management Journal, 49 (1): 27-48.

GROSSMAN S J, STIGLITZ J E, 1980. On the impossibility of informationally efficient markets [J]. The American Economic Review, 70 (3): 393-408.

GRENNWOOD J, JOVANOVIC B, 1990. Financial development, growth, and the distribution of income [J]. Journal of Political Economy, 98 (5): 1076-1107.

GUAY W R, 1999. The sensitivity of CEO wealth to equity risk: An analysis of the magnitude and determinants [J]. Journal of Financial Economics, 53 (1): 43-71.

HART O, SHLEIFERA, VISHNY R W, 1997. The proper scope of government: Theory and an application to prisons [J]. Quarterly Journal of Economics, 112 (4): 1127-1161.

HAUGHTON A Y, IGLESIAS E M, 2012. Interest rate volatility, asymmetric interest rate pass through and the monetary transmission mechanism in the Caribbean compared to US and Asia [J]. Economic Modelling, 29 (6): 2071-2089.

HAYES A F, 2009. Beyond Baron and Kenny: Statistical mediation analysis in the new millennium [J]. Communication Monographs, 76 (4): 408-420.

HILARY G, HUI K W, 2009. Does religion matter in corporate decision making in America [J]. Journal of Financial Economics, 93 (3): 455-473.

HIRSHLEIFER D, THAKOR A V, 1992. Managerial conservatism, project choice, and debt [J]. The Review of Financial Studies, 5 (3): 437-470.

HOLDERNESS C, KROSZNERR, SHEEHAN D, 1999. Were the good old days that good? Changes in managerial stock ownership since the great depression [J]. Journal of Finance, 54 (2): 435-469.

HOLMSTROM B, 1989. Agency costs and innovation [J]. Journal of Economic Behavior and Organization, 12 (3): 305-327.

HOPE O K, 2003. Firm-level disclosures and the relative roles of culture and legal origin [J]. Journal of International Financial Management and Accounting, 14 (3): 218-248.

HSU P H, TIAN X, XU Y, 2014. Financial development and innovation: Cross-country evidence [J]. Journal of Financial Economics, 112 (1): 116-135.

HUANG W, SCHWIENBACHERA, ZHAO S, 2012. When bank loans are bad news: Evidence from market reactions to loan announcements under the risk of expropriation [J]. Journal of International Financial Markets, Institution & Money, 22 (2): 233-252.

JAMES C, 1987. Some evidence on the uniqueness of bank loans [J]. Journal of Financial Economics, 19 (2): 217-235.

JANN B, 2008. The blinder-oaxaca decomposition for linear regression models [J]. Stata Journal, 8 (4): 453-479.

JENSEN M C, MECKLING W, 1976. Theory of the firm: Managerial behavior, agency costs, and ownership structure [J]. Journal of Financial Economics, 3 (4): 305-360.

JENSEN M C, MURPHY K J, 1990. Performance pay and top-management incentives [J]. Journal of Political Economy, 98 (2): 225-264.

JIMÉNEZ G, LOPEZ J A, SAURINA J, 2013. How does competition affect bank risk-taking? [J]. Journal of Financial Stability, 9 (2): 185-195.

JOHN K, LITOV L, YEUNG B, 2008. Corporate governance and risk-taking

[J]. Journal of Finance, 63 (4): 1679-1728.

KAHNEMAN D, TVERSKY A, 1979. Prospect theory: An analysis of decision under risk [J]. Econometrica, 47 (2): 263-291.

kashyap a k, stein J C, 1995. The Impact of monetary policy on bank balance sheets [J]. Carnegie Rochester Conference Series on Public Policy, 42 (1): 151-195.

KIM E H, LU Y, 2011. CEO Ownership, external governance, and risk-taking [J]. Journal of Financial Economics, 102 (3): 272-292.

King T H D, Wen M M, 2011. Shareholder governance, bondholder governance, and managerial risk-taking [J]. Journal of Banking & Finance, 35 (3): 512-531.

KOIVU T, 2009. Has the Chinese economy become more sensitive to interest rates? Studying credit demand in China [J]. China Economic Review, 20 (3): 455-470.

KRUEGER A O, 1990. Government failures in development [J]. Journal of Economic Perspectives, 4 (3): 9-23.

LAFFONT J J, TIROLE J, 1994. A theory of incentives in procurement and regulation [J]. Journal of Economics, 59 (3): 335-339.

LEARYM T, 2009. Bank loan supply, lender choice, and corporate capital structure [J]. Journal of Finance, 64 (3): 1143-1185.

LEVINE R, 2002. Bank-based or market-based financial systems: Which is better? [J]. Journal of Financial Intermediation, 11 (4): 398-428.

LI K, GRIFFIN D, YUE H, et al., 2013. How DOES CULTURE INFLUENCE CORPORATE RISK-TAKING? [J]. Journal of Corporate Finance, 23 (4): 1-22.

LOVE I, PREVEL, SARRIA-ALLENDE V, 2007. Trade credit and bank credit: Evidence from the recent financial rises [J]. Journal of Financial Economics, 83 (2): 453-469.

LOVE I, ZAIDI R, 2010. Trade credit, bank credit and financial crisis [J]. International Review of Finance, 10 (1): 125-147.

LOW A, 2009. Managerial risk-taking behavior and equity-based compensation [J]. Journal of Financial Economics, 92: 470-490.

MA Y, LIN X K, 2016. Financial development and the effectiveness of monetary policy [J]. Journal of Banking and Finance, 68 (3): 1-11.

MAXWELL F, 1978. Money and capital or financial deepening in economic development [J]. Journal of Money Credit and Banking, 10 (4): 464-475.

MCCONNELL J, SERVAES H, 1990. Additional evidence on equity ownership and corporate value [J]. Journal of Financial Economics, 27 (2): 595-612.

MCGUINNESSG, HOGAN T, 2016. Bank credit and trade credit: Evidence from SMEs over the financial crisis [J]. International Small Business Journal, 34 (4): 412-445.

MCKINNON R, 1973. Money and capital in economic development [J]. American Political Science Association, 41 (163): 679-702.

MEGGINSON W, A. POULSENA, SINKEY J, 1995. Syndicated loan announcements and the market value of the firm [J]. Journal of Money, Credit, and Banking, 27 (2): 457-475.

MIHET R, 2013. Effects of culture on firm risk-taking: A cross-country and cross-industry analysis [J]. Journal of Cultural Economics, 37 (1): 109-151.

MORCK R, SHLEIFER A, VISHNY R, 1988. Management ownership and market valuation: an empirical analysis [J]. Journal of Financial Economics, 20 (88): 293-315.

Myers S, 1976. Determinants of corporate borrowing [J]. Journal of Financial Economics, 5 (2): 147-175.

MYERS S C, MAJLUF N S, 1984. Corporate financing and investment decisions when firms have information that investors do not have [J]. Journal of Financial Economics, 13 (2): 187-221.

NAKANO M, NGUYEN P, 2012. Board size and corporate risk taking: Further evidence from Japan [J]. Corporate Governance: An International Review, 20 (4): 369-387.

NGUYEN P, 2011. Corporate governance and risk-taking: Evidence from Japanese firms [J]. Pacific-Basin Finance Journal, 19 (1): 278-297.

OAXACA R, 1973. Male-female wage differentials in urban labor markets [J]. International Economic Review, 14 (3): 693-709.

OBSTFELD M, 1994. Are industrial-country consumption risks globally diversified [R]. NBER Working Paper, No. 4308.

PENG M W, SUN S L, PINKHAM B, et al., 2009. The institution-based view as a third leg for a strategy tripod [J]. Academy of Management Perspective, 23 (4): 63-81.

MORCK R, NAKAMURA M, 1999. Banks and corporate control in Japan [J].

Journal of Finance, 54 (1): 319-339.

RANDALL R E, 1994. Safeguarding the banking system in environment of financial cycles: An overview [J]. New England Economic Review, 47 (1): 3-14.

RAJAN R G, ZINGALES L, 1998. Financial dependence and growth [J]. American Economic Review, 88 (3): 559-586.

Rajan R G, Zingales L, 2001. Financial systems, industrial structure, and growth [J]. Oxford Review of Economic Policy, 17 (4): 467-482.

SMETS F, WOUTERS F, 2007. Shocks and frictions in US business cycles: A Bayesian DSGE Approach [J]. American Economic Review, 97 (3): 586-606.

Smith C, Stulz R, 1985. The determinants of firms' hedging policies [J]. Journal of Financial and Quantitative Analysis , 20 (4): 391-405.

SMITH C, WATTS R, 1992. The investment opportunity set and corporate financing, dividend, and compensation policies [J]. Journal of Financial Economics, 32 (3): 263-292.

SHAW E S, 1973. Financial Deepening in Economic Development [M]. New York: Oxford University Press.

SHLEIFER A, VISHNY R W, 1994. Politicians and firms [J]. The Quarterly Journal of Economics, 109 (4): 995-1026.

SHLEIFER A, 1998. State versus private ownership [J]. Journal of Economic Perspectives, 12 (4): 133-150.

SOLOW R M, 1957. Technical change and the aggregate production function [J]. Review of Economics and Statistics, 39 (3): 312-320.

STIGLITZJ E, 1981. Credit rationing in markets with information imperfect [J]. American Economic Review , 71 (3): 393-410.

STULZ R M, WILLIAMSON R, 2003. Culture, openness, and finance [J]. Journal of Financial Economics, 70 (3): 313-349.

TOBIN J, 1969. A general equilibrium approach to monetary theory [J]. Journal of Money Credit and Banking, 1 (1): 15-29.

TUFANO P, 1996. Who manages risk? An empirical examination of risk management practices in the gold mining industry [J]. Journal of Finance, 51 (4): 1097-1137.

Walsh C E, 2010. Monetary theory and policy [M]. Cambridge, MA: The MIT Press.

Wang C J, 2012. Board size and firm risk-taking [J]. Review of Quantitative Finance and Accounting, 38 (4): 519-542.

YERMACK, D, 1995. Do corporations award CEO stock options effectively? [J]. Journal of Financial Economics, 39 (2-3): 237-269.

MA Y, LIN X K, 2016. Financial development and the effectiveness of monetary policy [J]. Journal of Banking and Finance, 68: 1-11.

ZHANG W, 2009. China's monetary policy: Quantity versus price rules [J]. Journal of Macroeconomics, 31 (3): 473-484.

后 记

一直以来，由于有关企业风险承担的研究都忽视了外部宏观环境对企业风险投资决策的影响，同时在现有货币政策风险承担渠道的研究中，又忽视了经济发展的主要动力即实体经济这一载体，研究视角限定于银行风险承担，所以本书决定将视角聚焦于货币政策与企业风险承担。然而，这一选题是否恰当？本书为了有效佐证其价值，在一开始就给予了经验支持，采用我国数据，从企业长期发展和地方经济长期增长双重视角，对货币政策对企业风险承担的影响进行了回答。

最初，我们对于如何布局货币政策与企业风险承担这一选题甚为迷茫，因为货币政策要想真正对企业的风险投资决策产生影响，是需要通过金融体系来传导的。故而我们结合我国银行主导型金融结构特征，首先从文献的梳理开始，系统地从理论和实证两个方面回顾了银企关系。功夫不负有心人，在梳理前人的研究中，我们发现了理论和实证方面尚待突破的点，为此本书决定做些许尝试。考虑到企业向银行申请贷款投资风险项目时，银行对企业的行为主要分为两大类，一类是贷款监督，另一类是贷款融资，因此本书对此进行了详细的理论剖析和实证验证。根据货币政策与企业风险承担的负向关联，我们率先推论：在我国，贷款监督作用会强于融资作用。为了更好地加以佐证，我们通过理论模型和实证分析进行了双层证明。而要证实贷款的监督作用，我们又花费了半年时间专门收集上市企业披露的每一笔向银行贷款的详细数据，按照时间、企业、银行分类汇总，得到了每家企业年度贷款加权利率等详细信息，论证了贷款监督的存在性。在本书外审期间，根据专业审稿人的意见，为保证结果的可靠性，我们遵循银保监会的监管措施，添加了双重差分方法，再一次论证了银行监督的传导作用机理。

由于金融改革的深化，中国市场经济体系逐步完善，金融市场尤其是股票市场的发展使企业不但可以获得银行支持，还可以在股票市场直接寻求融资，因此我们又根据中国现行金融市场化改革的阶段性特征，从理论和实证两方面详细论述了金融市场的发展对银行监督视角下货币政策企业风险承担效应的影响，以考察发展金融市场可否有效调整企业风险承担水平。

货币问题极其宏观，而要将宏观政策落实到具体的微观主体上，路还很长，也有很多困难要一一克服。但随着事物的变化，客观认识事物发展规律是我们做研究的人的必经之路。本书的分析是对货币政策如何影响企业风险承担的机理做出的一点推进和尝试，诸多问题还有待进一步深化。望通过一些新视角激发读者们的兴趣，一同为后续研究尽一点绵薄之力。

最后，特别感谢中国金融研究中心给予的支持和提供的良好的交流平台，感谢同仁和专家的批评指正，感谢西南财经大学出版社的悉心编排，使得本书得以顺利出版。

刘锡良　周彬蕊　周吉

2021 年 2 月